马克思主义简明读本

解读陈独秀

丛书主编：韩喜平
本书著者：陈延秋

编委会：韩喜平　邵彦敏　吴宏政
　　　　王为全　罗克全　张中国
　　　　王　颖　石　英　里光年

吉林出版集团股份有限公司

图书在版编目（CIP）数据

解读陈独秀 / 陈延秋著. -- 长春：吉林出版集团股份有限公司，2014.4（2019.2重印）
（马克思主义简明读本）

ISBN 978-7-5534-4088-0

Ⅰ.①解… Ⅱ.①陈… Ⅲ.①陈独秀（1880~1942）—人物研究 Ⅳ.①K827=6

中国版本图书馆CIP数据核字（2014）第059780号

解读陈独秀
JIEDU CHEN DUXIU

丛书主编：韩喜平
本书著者：陈延秋
项目策划：周海英　耿　宏
项目负责：周海英　耿　宏　宫志伟
责任编辑：宫志伟
出　　版：吉林出版集团股份有限公司
发　　行：吉林出版集团社科图书有限公司
电　　话：0431-86012746
印　　刷：北京一鑫印务有限责任公司
开　　本：710mm×960mm 1/16
字　　数：100千字
印　　张：12
版　　次：2014年4月第1版
印　　次：2019年2月第3次印刷
书　　号：ISBN 978-7-5534-4088-0
定　　价：29.70元

如发现印装质量问题，影响阅读，请与出版方联系调换。0431-86012746

序　言

习近平总书记指出，青年最富有朝气、最富有梦想，青年兴则国家兴，青年强则国家强。青年是民族的未来，"中国梦"是我们的，更是青年一代的，实现中华民族伟大复兴的"中国梦"需要依靠广大青年的不断努力。

要提高青年人的理论素养。理论是科学化、系统化、观念化的复杂知识体系，也是认识问题、分析问题、解决问题的思想方法和工作方法。青年正处于世界观、方法论形成的关键时期，特别是在知识爆炸、文化快餐消费盛行的今天，如果能够静下心来学习一点理论知识，对于提高他们分析问题、辨别是非的能力有着很大的帮助。

要提高青年人的政治理论素养。青年是祖国的未来，是社会主义的建设者和接班人。党的十八大报告指出，回首近代以来中国波澜壮阔的历史，展望中华民族充满希望的未来，我们得出一个坚定的结论——实现中华民族伟大复兴，必须坚定不移地走中国特色社会主义道路。要建立青年人对中国特色社会主义的道路自信、理论自信、制度自信，就必须要对他们进行马克思主义理论教育，特别是中国特色社会主义理论体系教育。

要提高青年人的创新能力。创新是推动民族进步和社会发展的不竭动力，培养青年人的创新能力是全社会的重要职责。但创新从来都是继承与发展的统一，它需要知识的积淀，需要理论素养的提升。马克思主义理论是人类社会最为重大的理论创新，系统地学习马克思主义理论有助于青年人创新能力的提升。

要培养青年人的远大志向。"一个民族只有拥有那些关注天空的人，这个民族才有希望。如果一个民族只是关心眼下脚下的事情，这个民族是没有未来的。"马克思主义是关注人类自由与解放的理论，是胸怀世界、关注人类的理论，青年人志存高远，奋发有为，应该学会用马克思主义理论武装自己，胸怀世界，关注人类。

正是基于以上几点考虑，我们编写了这套《马克思主义简明读本》系列丛书，以便更全面地展示马克思主义理论基础知识。希望青年朋友们通过学习，能够切实收到成效。

韩喜平
2013年8月

目 录

引 言 / 001

第一章　叛逆的少年 / 003

第一节　陈独秀的家庭身世 / 003

第二节　天生的叛逆者 / 007

第三节　旧考场里书奇文 / 009

第四节　江南乡试弃科举 / 013

第二章　投身维新与革命 / 016

第一节　拥护改良 / 016

第二节　日本求学 / 020

第三节　转向革命 / 024

第四节　创办《安徽俗话报》/ 028

第三章　投身辛亥革命 / 032

第一节　革命前的平静 / 032

第二节　皖府秘书长 / 036

第三节　革命后的迷茫 / 042

第四节　投身《甲寅》杂志 / 046

第四章　新文化运动领导者 / 052

　　第一节　创办《新青年》/ 052
　　第二节　向封建伦理道德开炮 / 060
　　第三节　举起文学革命之旗 / 065
　　第四节　五四运动总司令 / 072
　　第五节　新文化运动的转向 / 082

第五章　创建共产党 / 088

　　第一节　历史的抉择 / 088
　　第二节　成为马克思主义者 / 092
　　第三节　建立党的早期组织 / 101
　　第四节　关于社会主义的论战 / 108
　　第五节　中央局书记 / 118

第六章　大革命中的迷茫 / 125

　　第一节　制定民主革命纲领 / 125
　　第二节　加入国民党的争论 / 134
　　第三节　推动国共合作 / 140
　　第四节　回击国民党右派的进攻 / 145
　　第五节　大革命中的错误 / 152

第七章　中共的反对派 / 163

　　第一节　接受托派思想 / 163
　　第二节　脱离共产党 / 170
　　第三节　离开托派 / 177
　　第四节　凄惨的晚年 / 182

引　言

　　陈独秀是中国近现代历史上杰出的政论家、大学者。他襟怀坦诚，性格刚烈，具有反抗精神。他不仅是新文化运动的发起者，而且是20世纪中国第一次思想解放运动的倡导者。他在中国历史上第一个举起了民主、科学两面大旗，对中国近现代历史的发展起到了非常重要的作用。陈独秀一生创办了很多杂志，其中《新青年》杂志，是中国近现代历史上影响最大的刊物，教育、引导了整整一代人。作为五四运动的总司令和思想指导者，陈独秀不仅积极引导，并且直接参与到五四运动中去。虽然陈独秀传播马克思主义没有李大钊早，但他创办的《新青年》杂志是当时传播马克思主义的主要阵地，其重要作用是任何别的报刊不能替代的。作为中国共产党的创始人，陈独秀为党的建立及初期的战斗做出了巨大的贡献。仅凭这一条，他就可以名垂千古，光照千秋。作为中国共产党早期的最主要的领导人,他领导年轻的中国共产党开始探索艰苦的革命道路。他是中国近现代历史上第一个深刻总结、反思苏联和社会主义民主政治建设经验教训的人。他自始至终都是出于对祖国的热爱、对国家命运的担忧而殚精竭虑。

在陈独秀的一生中,吸收过很多外来的主义和理论,从民主主义、马克思主义到托洛茨基主义。但是,他并不是只知照搬别人的理论,而是努力根据自己的理解和中国的情况,对这些外来的理论和主义进行筛选和改造。

陈独秀一生一心为公,光明磊落,丝毫不搞阴谋诡计,不以权谋私,表现出革命者的刚强骨气和高尚人格。他一生毫不妥协,坚决地揭露和批判旧制度、旧思想、旧文化和社会种种弊病,代表了社会良心,为后人作出了杰出的表率。

第一章 叛逆的少年

第一节 陈独秀的家庭身世

一、陈独秀的家世

1879年10月9日（清光绪五年己卯八月廿四日），安徽省安庆府怀宁县渌水乡广圩陈家剖屋里，一个婴儿呱呱坠地。这个婴儿就是后来影响了中国革命的陈独秀。关于陈独秀的家世，他本人在其自传性的文字中未曾提及。但据其家谱《江州义门陈氏宗谱》介绍："陈氏受姓，始于胡公（即虞舜之裔），至南北朝时，子孙衍于全国，但隋朝建立后，似仅在荆门之谷（今湖北宜昌附近）保留了宗支，延至初唐，荆门一支中的陈兼后代又避迁于泉州（今福建泉州）仙游乡，稍后，作为胡公的七十一世孙陈阔访友于江州（今江西九江），因爱庐山名胜而定居于此，时在盛唐，'江州义门陈氏'之称由此而定。"到第八十三世时，义门陈氏聚族而居者已经达到3700余人，引起了政府的注意，所以在北宋庆历年间，地方当局令其分庄，陈氏家族开始分化。到南宋淳熙年间时，陈汝心率一分支从江州迁往怀宁，所以陈汝心就成为怀宁陈氏的始祖。陈汝心有四子，依次名为崇本、崇志、崇德、崇义，其二子崇志一支的怀宁第十六世（大纶公支）陈天植便是陈独秀的曾祖父。

在陈独秀出生时，其曾祖父已经作古。决定陈独秀家庭社会政治和经济地位的，是陈独秀的祖辈和父辈。祖父陈章旭，生于1819年（清嘉庆二十四年），以私塾教师为业，生有四子，分别为衍藩、衍藻、衍中、衍庶。陈章旭为人精明强干，学问深厚，是陈氏家族的中坚人物，也是安庆城里有名的士绅。在太平天国运动时期，陈章旭与长子衍藩（陈独秀的大伯）投笔从戎，佐助官府，所以在清军收复安庆后，陈章旭获得了候补知县的空缺。陈独秀生父陈衍中，生于1848年（清道光二十八年），在考取秀才后，虽曾做过几年小官，但是最后也不得不以塾师为职业，直到1881年客死于苏州，当时陈独秀年仅3岁。

二、当官的叔父

陈独秀出生时，陈家家境并不富裕，改变了这一情况的是他的四叔陈衍庶。陈衍庶，字昔凡，生于1851年（清咸丰元年），1875年（清光绪元年）中举，初任知县，因治河有功，由知州、知府一路升到府级以上省级以下的道员。衍庶在东北怀德、柳河、辽阳、新民等地做官的时候日俄战争爆发了，日本和沙皇俄国为重新分割东北和朝鲜，在中国的领土上打起仗来。由于战争双方都需要马匹，于是中国商人乘机贩运马匹以获取暴利。当马匹经过衍庶的管辖地，他便抽牲口税。由于这是临时性的税收，不用上缴国库，谁收谁得，所以大部分税收都落入了陈衍庶的腰包。大约到了1908年，陈衍庶的腰包里有了数以万计的银两，面对着乱哄哄的世道，他"相时而动"辞官回家，陈衍庶在辽宁省彰武县买了200余亩地，在安徽贵池县买了800亩地，在北京开设了崇古斋古玩铺，在奉天也设了分店。陈衍庶在安庆还有10家市房（铺面），在城里南水关还有一处自建住房，那是当时安庆有名的陈家大洋房子。洋房的门楼有一丈多宽，俨然是一派官僚地主的气势。陈独秀说他原出生在一个小户人家，平时绅士们向来瞧不起。但当他的叔父发达了以后，这个小户人家就一跃而为安庆的名门望族，为邻里所另眼看待了。陈独秀丧父后，过继给叔父陈衍庶，但是，事实上他后来没有继承嗣父的遗产，所以富裕的家庭经济情况与陈独秀的思想发展和生活道路似乎没有多少联系。

三、一生的名号

陈独秀一生有很多名号。他原名为庆同，学名是乾生，字仲甫。在留学日本时，陈独秀改名"由己"，意在自己决定事情。在办《安徽俗话报》时，他署名为"三爱"。"独秀"之名最早出现于《甲寅》杂志。该刊第1卷第4期发表了由陈独秀写的《双秤记叙》一文，其署名就是"独秀山民"。这是他第一次用"独秀"的名字发表文章。据他自己介绍，之所以取"独秀"之名是因为家乡安庆有座独秀山，他取此名是想表明自己是独秀山下的居民而已。到五四新文化运动期间，陈独秀主办《每周评论》，开始使用"只眼"的笔名，此外还有"顽石"、"撒翁"、"雪衣"、"实庵"和"D·S"等。在上述各个名号中，D·S最有趣，此名看起来既是独秀两字英译的缩写，同时也是英语民主（Democracy）和科学（Science）的缩写。这或许纯粹属于巧合，但从后来陈独秀革命历程来看，这似乎又有一些象征意义的，因为陈独秀一生所为之奋斗和努力的正是"民主与科学"，这也伴随了他一生的思想演变的轨迹。

第二节　天生的叛逆者

一、严厉的祖父

由于陈独秀父亲早逝，教育孙子的任务便由祖父陈章旭承担。陈独秀的祖父陈章旭有个绰号，叫"白胡爹爹"，为人非常严厉。据陈独秀回忆，当孩子们哭时，一说白胡爹爹来了，便停声不敢哭了。大约从六岁开始，陈独秀就跟着祖父读书，他的大哥陈庆元也一同读书。可能是陈独秀天资聪颖，祖父对他的要求特别严，期望也比对庆元的高，恨不得他在最短的时间里能背下所有四书五经的内容。如果陈独秀背不出，祖父便会生气，用板子打他。祖父在最生气的时候，经常会怒目切齿，几乎发狂，因此，一般的体罚也经常会变为毒打。对此，陈独秀表示出明显的反感和不满，面对毒打，陈独秀总是倔得一声不哭，气得祖父更加用力去打他。见到陈独秀挨揍，母亲查氏无法出面阻止，只好流着泪规劝陈独秀，让他好好念书，好中个举人替父亲争气。陈独秀后来说，他最怕母亲的眼泪，这比祖父的板子有权威。

二、对抗权威

幼年时的陈独秀从来不怕权威者的欺压。当时，在他们家族里有一个族长手下的户差，常常借口为死者烧纸钱银锭而索取族中人家的钱财。陈独秀的母亲是个菩萨心肠，虽然不信鬼神之说，却也不好揭穿那个户差。有一天，陈独秀的祖父刚去烟馆抽鸦片，户差就来了，查氏像往常一样招呼着，户差借口陈家祖宗在阴间缺钱，又向查氏要钱。说完，就直挺挺倒在床上，嘴里咕咕噜噜地装神弄鬼。陈独秀见了既气又恨，于是约了同屋及近邻十多个孩子，从前后门奔跑进来，同声大喊"失火了，失火了"。户差一听，忙睁开眼睛说，"我在阴间就闻到烟味，知道失火了"。见此情景，在一旁站着的陈独秀和小朋友们哄笑说"一点不灵"。户差知道上了孩子们的当，恼羞成怒。查氏见状好言相劝，给了钱，又留他吃饭，他才哼了一声，露出了笑容。在陈独秀《实庵自传》里，对此事的始末记载非常详细生动，可见，反抗旧权威在陈独秀心目中的意义是十分重大的。

第三节　旧考场里书奇文

一、慈兄当师

陈独秀11岁时，祖父陈章旭病故，陈独秀跟随祖父读书的历史也宣告结束。在这之后母亲查氏虽然也为陈独秀请了好几位塾师，但陈独秀均不太满意，其主要原因就在于陈独秀对这些塾师旧的教学方法很反感。因此，教育陈独秀的重任就落在了前几年考取秀才的大哥陈庆元身上。哥哥陈庆元比陈独秀大9岁，生性温和善良，平日里穿着很随便，讲话总是和颜悦色，一脸谦和，这种平易近人的性格，使陈独秀自主学习成为可能。因为熟悉陈独秀的性格脾气，所以在督促和辅导陈独秀读书时，庆元并不摆出"长兄代父"的封建家长做派，更不像祖父那样用棍棒政策树权威。对此，陈独秀感到很高兴。而最令他高兴的是，大哥除了帮助他温习经书外，还教他读文学色彩极其浓烈的《昭明文选》。这是中国现存的最早的一本诗文选集，文学色彩浓烈，是学习中国古典文学很好的入门书。

一日，母亲查氏见陈独秀一反常态，耐着性子在那里读书，有些奇怪，于是放下手中的针线活走过去看，只见陈独秀手中拿的是一本《昭明文选》，便责备他正经的书不看，怎么竟看起闲书来？陈独秀没有答话，庆元赶紧替弟弟解围，说弟弟看一点儿闲书，总比不看好。陈独秀见状，只好硬着头皮背四书五经，以安慰母亲。

二、奇文怪事

1896年，17岁的陈独秀准备参加院士考试，母亲查氏对于平时散慢惯了的陈独秀很是担心，但是哥哥庆元却认为弟弟县考、府考都过了，这次院试肯定也能通过。因为庆元心里明白，虽然县考府考弟弟的名次很低，那是因为他不喜欢作八股文，但院试要临场发挥，这是弟弟的长处，中个秀才应该没有问题。

这次考试出题老师出了一个很古怪的题目，叫"鱼鳖不可胜食也材木"。很多考生一看，都傻了眼，有的交了白卷，有的乱写一气。聪颖的陈独秀见题目出的怪，与四书五经相去很远，灵机一动，将《昭明文选》上所有带鸟兽草木的难字和《康熙字典》上的荒谬古文，上文不接下文地写满了一篇皇皇大文。

出了考场，陈独秀就拿出考场上的草稿给庆元看了，庆元看后，也是丈二和尚摸不着头脑。在他看来，这样的另类文章肯定是不能中秀才了，于是皱着眉头，半天也没说什么。看大哥庆元是这种反应，陈独秀的情绪也低落下来。

三、喜中秀才

然而，令全家人意想不到的是，陈独秀不但中了秀才，而且还是第一名。陈独秀成了陈氏家族"庆"字辈里的第二个秀才。这一下查氏别提多高兴了，贺喜的人接连不断，远亲近邻，连族长、户差都来了。

后来陈独秀在其唯一一部未完成的《实庵自传》中写道："谁也想不到我那篇不通的文章，竟蒙住了同样不通的出题老师，让我取了第一名，这件事使我更加鄙薄科举。捷报传来，母亲乐得几乎掉下眼泪。'眼皮子浅'这句批评，怀宁人自己也承认。人家倒了霉，亲友邻舍们，照例总是编排得比实际倒霉要超过几十倍。有了好事，怀宁人更是要夸大其词，我家在怀宁本是一个小户人家，绅士们向来是瞧不起的，全族中到我的父亲时才有一个秀才，后来叔父又中了举，现在看见我们弟兄又都是青年秀才，他们不但另眼相看，而且还造出许多神话，说我们家的祖坟是如何如何好风水，说城外迎江寺的宝塔是陈家祖坟前的一管笔，说我出世的前夜，我母亲做过什么什么梦，诸如此类，不一而足。他们真想不到我后来接二连三地做了使他们吓破了胆的康党、乱党、共产党，而不是他们所想象的举人、进士、状元郎。"

中了秀才后的陈独秀双喜临门，不仅名声大噪，更有高官名士到家里来提亲。在母亲查氏和继父陈衍庶的主持下，陈独秀与时任清军安庆营统领高登科之女高晓岚订了婚，并于第二年完成了婚礼。高晓岚比陈独秀大三岁，二人婚后育有陈延年、陈乔年、陈松年三个儿子和女儿陈玉莹。然而，渐渐地，陈独秀对这一婚姻开始产生了不满，与妻子的感情也渐渐疏远。

第四节　江南乡试弃科举

一、乡巴佬进城

1897年7月，陈独秀同庆元，庆元的先生、同学，及先生的几位弟兄一行数人，到南京参加8月份的江南乡试。乡试是封建社会里举人资格的考试，是科举制度里非常重要的一环。对于知识分子来说，一旦中了举人，就意味着可以飞黄腾达，鹏程万里。为了让母亲高兴，虽然身体多病，但是，陈独秀依然硬着头皮去参加考试。

在同行的人群中，除了陈独秀外，其他人都参加过多次乡试了。因此，陈独秀一路上幻想着，南京城内的房屋街市会是如何繁华美丽。然而，现实却让陈独秀大失所望，南京城除了几条大路宽阔些外，屋子和安庆一样矮小破烂，只是比安庆大些。城内唯一的交通工具，也只有小驴子罢了。

陈独秀一行几人到南京的头一夜，睡在一家熟人屋里的楼板上。第二天一早起来，留下了三个不善言辞的人看守行李，即陈庆元、陈庆元的先生和第一次出门的陈独秀,其他人都分头去找住处了。

过了中午,住的地方找着了,于是几个人立刻搬了过去。然而,一进屋,却听找屋子的几个人异口同声地说,屋子又贵又坏,真上当!陈独秀听了莫名其妙,心想:明明是他们自己看好的房子,怎么忽然又觉得上当了呢?

过了三四天,在他们和同寓中别的考生的谈话中间,陈独秀才得知上了当的缘故:原来在几个人找房子的时候,看见房东家里有一位花枝招展的姑娘,坐在窗口做针线,于是也不管三七二十一就决定搬到这来。然而,等到搬进来才发现那位仙女已经不知何处去了。后来大家才知道这种美人计,乃是南京房东招揽考生的惯技,上当的并不止陈独秀这些人。

二、乡试的灾难

但是,对于陈独秀来说,灾难才刚刚开始。由于屋里没有茅厕,于是大门外路旁空地,便成了公共厕所。那时南京稍微偏僻一点的地方,几乎每家大门外两旁地上,都有如此一堆一堆的"小金字塔"。陈独秀不愿意在大白天出去,总是挨到天黑才敢出去解大手，有时踏了一脚屎回来，弄得屋里臭气熏天的，就得受到别人的笑骂，这使得本已十分气闷的陈独秀心里更加郁闷。

到了八月初七，考试终于开始了。考试共分三场，每场考三天，共九天。由于考试时间很长，考生们又不得自由出入，所以每个考生都背着书籍、文具、粮食、炊具等用具。考棚被分隔成十余丈长的号筒，每个号筒被隔成一个一个的号舍。而每个号筒要住近百个考生，这使得酷热的天气更加难耐。

在这次考试中，有一件事给陈独秀的印象最深。他在《实庵自传》中对这件事进行了深刻的描述："考头场时，看见一位徐州的大胖子，一条大辫子盘在头顶上，全身一丝不挂，脚踏一双破鞋，手里捧着试卷，在如火的长巷中走来走去，而脑袋还左右摇晃着，拖长着怪声念他那得意的文章，念到最得意处，用力把大腿一拍，翘起大拇指叫道'好！今科必中！'"陈独秀见此景，思想受到极大触动。当然，乡试结果是，陈独秀名落孙山，这也宣告了陈独秀与科举制度的最后决裂。南京乡试对陈独秀最大的收获是，乡试促使陈独秀由仕途向康梁派转变。

第二章 投身维新与革命

第一节 拥护改良

一、接受新知

陈独秀思想之所以转变,除了南京乡试的触动外,还有着深刻的社会原因。1894年中日甲午战争的惨败,深深地刺痛了以康有为、梁启超等为代表的维新派的心。面对如此严重的民族危机,康有为等知识分子借赴京应考的机会,发动各省应试举人1300余人,联名向光绪帝上书,掀起了轰轰烈烈的维新变法运动。一时之间,维新改良运动,引起了朝野的震动。

在乡试期间,他结识了安徽绩溪的秀才汪希颜,汪希颜的老师是康有为的学生胡子承。因此,汪希颜也习读新学,崇尚维新，此时他刚入南京江南高等学堂陆师读书。通过汪希颜，陈独秀开始接触维新思想，并开始用维新的思想审视自己的过去，自从6岁开始读书，到17岁考中秀才，他都囿于旧文化教育的环境，封建正统式的书香家庭成了他接触新事物的屏障，自己对国家政治状况根本一无所知，思想完全处于僵死的睡眠状态。

回到安徽，在汪希颜的介绍下，陈独秀认识了汪希颜的胞弟汪孟邹、李光炯、邓艺荪和江讳等皖省维新派人士。陈独秀在和这几个维新人士的交往中，经常讨论康有为、梁启超的文章，并由此接触了西方文明和现代科学知识。这些新的知识使陈独秀激动万分，维新思想已深入其心。这成了他政治生涯中的一个起点。经过与维新人士的交往，陈独秀觉得自己找到了有价值的人生方向，他从一个被动读经的青少年变成了一个接受新学的康梁派。

二、拥护康梁

1897年，在俄国的怂恿下，德国借口有两名德国传教士在山东曹州府巨野县被人杀害，公然以武力进攻强占山东胶州湾，紧接着俄国、法国、英国、日本等列强乘虚而入，竞相瓜分中国，中华民族到了前所未有的危险时刻。陈独秀在康梁学说的启发下，伏案写起了他的处女作《扬子江形势论略》，决意向政府献上一策。这篇署名"怀宁陈乾生众甫"的《扬子江形势论略》是现存陈独秀最早的一篇文章。在这篇文章中，陈独秀除了系统地介绍扬子江流层的区域、流程和主要江段的名称、水势的缓急、江道的深浅、江底暗礁浅滩、江岸军事要地及其设防状况外，对如何改进沿岸防御部署也提出了建议。

文章写好后，陈独秀兴致勃勃地读给妻子听，以征求意见，寻求共鸣。然而思想保守的高氏听完，冷冷地回答他：自己只知道做贤妻良母，不懂其他。高氏的一席话，像一瓢冷水，使他身心俱凉，所有的热情顿然消失。

然而，陈独秀的维新宣传活动，却引起了父母及兄长的深深忧虑。家人十分不解陈独秀在乡试前后的变化，因循守旧的陈衍庶更是深感不安。他虽然十分喜爱才学超群的嗣子，但陈独秀激烈的言论很容易将他这个清廷官员推上风口浪尖。在顽固派与维新派的斗争方兴未艾之时，在官场打拼多年的他更不愿意卷裹于政治争斗中。

为了改变陈独秀日渐维新的思想，陈家人最终决定让陈独秀随从嗣父到东北谋事。陈独秀到达东北以后，在嗣父的幕府中从事文书记述工作。陈衍庶书画造诣与收藏的艺术作品对陈独秀产生了深刻影响，成了他深厚艺术修养的渊薮。离开了八股文章的禁锢，初尝了维新思想的甘甜，跟随嗣父的陈独秀一下子进入了艺术的瀚海之中。

但是，此时的陈独秀并没有完全沉醉在艺术的世界里，来到东北后，他对那些外族侵略和民族屈辱有了更为深切的体会。此时的东北，已经成为沙俄控制的地盘，几乎成了沙俄的东三省。沙俄在中国的种种罪行，使陈独秀惊于耳目，痛在心头，更加深了他对于康梁学说的认同。

三、放弃维新主张

1898年6月11日，资产阶级改良派在几年的酝酿后终于开始从幕后走到前台。光绪帝颁布《定国是诏》，宣布开始变法，实施新政，此即百日维新开始。然而，康有为的维新主张仅仅实行了三个月的时间就夭折了。9月21日，慈禧太后发动政变，囚禁光绪帝、逮捕维新人士，惩办倾向变法和参与新政的官员，谭嗣同、杨锐等6人被捕杀于菜市口刑场。康有为、梁启超分别逃往香港和日本，资产阶级改良派建立君主立宪制的美梦就此破灭。

戊戌变法的失败，标志着中国自上而下变革的流产，使一度标新立异的新知识群体被放逐于中国政治的边缘。而1900年由山东直隶转移到京津地区发展的义和团运动最终也在中外反动势力的合围下被镇压了。八国联军于1900年9月7日与清廷订立了《辛丑条约》，除八国外，西班牙、比利时、荷兰三国公使也挤入"条约"，在中国瓜分势力范围。血的事实使陈独秀看清了清王朝的反动本质，促使他放弃改良主张，探索新的救国之路。

第二节　日本求学

一、第一次东渡日本

维新政变失败后，陈独秀将目光投向了日本。在甲午战争后，越来越多的人认识到必须向日本学习，所以很多青年知识分子都选择去日本留学。1901年（光绪二十八年），陈独秀怀着学习新知识、探求新道路的热情，开始作留学日本的准备。为筹措赴日经费，他与妻子又发生了矛盾，陈独秀的婚姻本来就没有感情可言，在将近三年的日常生活中，夫妻俩经常发生口舌之争，尤其是在对待家庭问题上有着很大的分歧。此次陈独秀又要远赴日本，相隔千山万水，不知何时才能回来。为了筹措赴日本的费用，陈独秀本打算借高晓岚的金镯作为路费，可是高晓岚死活都不肯借，更不支持陈独秀赴日本留学。这使得本就无法沟通也无法相互理解的婚姻，出现了很深的裂痕。深恶封建制度和封建礼教的陈独秀，对这样一个旧式婚姻和旧式女子所产生的厌恶之感，也促使他要走出家门，走出国门寻求新的出路。

1901年11月，在一艘从上海黄浦江吴淞口驶出的海轮上，陈独秀英姿勃发，望着蔚蓝的天空，碧绿的海水，盘旋飞翔的海鸥，他心情一下子得到了放松，这是他第一次自费留学日本。

二、加入励志会

从昏暗无望的旧社会中走出来的陈独秀，一到日本就被它的富强所深深吸引。对于他来说，一切都是新鲜的，他的思想顿时明朗起来。

当时，在日本的中国学生人数迅速增加，随着国内政局的变换，维新运动的失败，一部分学生开始转向接受孙中山的革命主张，留学生中的革命力量也在不断增长。他们在日本结成各种政治团体，开展反清革命活动。当陈独秀到东京时，这里的留学生已经达到一二百人，并组成了一支不可忽视的革命力量。其中尤以1900年创办的励志会为代表。

励志会由东京留日学生沈翔云、吴禄贞、金邦平等人发起组织，以"联络感情，策励志节"为宗旨。陈独秀来到东京时，励志会已经分化，但他仍然加入了这个组织，并结交了许多革命志士。这一经历为他以后进一步从事革命活动打下了基础。但是，在励志会中也有章宗祥、曹汝霖这样的投机分子。一次，清廷派官员到日本，章宗祥、曹汝霖一班人争着当翻译，乘机奉承，引起了陈独秀的反感。于是不久，陈独秀便退出了励志社。

在日本期间，陈独秀接触到了更为系统和丰富的西方民主思想，他亲眼目睹、亲身经历了资本主义制度的先进发展，这促使他的思想开始由改良转向革命。

三、成立青年励志社

1902年春，陈独秀因怀念故乡，回到安庆。在回国途中路经南京时，陈独秀拜访了好友汪希颜。在汪希颜的介绍下，陈独秀结识了章士钊和赵声。回到安庆后，陈独秀周围又聚集了一大批进步青年，其中有安徽大学堂学生郑赞丞、房秩五，武备学堂学生柏文蔚，南京陆师学堂学生葛襄，以及潘赞化、何春台等人。这些人经常在一起听陈独秀介绍西方民主思想，传阅陈独秀带来的进步书刊杂志。为了将这些进步力量组织起来，陈独秀决定效仿日本的励志会，在安庆成立了一个"青年励志社"。他的提议得到了众人的一致响应，潘赞化更提出将社址置于其堂兄投资兴建的敬敷书院的藏书楼上。于是，在众人的努力下，"青年励志社"宣告成立，其宗旨是"探讨本国致弱之源，以及对外国争强之道，依时立论，务求唤起同胞爱国之精神"。

为了加强交流，促进新知，陈独秀等人买来一些进步书刊放在藏书楼，供社员阅读。除此之外，社员每周还举行聚会，讨论天下大事。为探索救国救民的道路，宣讲民主思想，经陈独秀倡议，社员们决定在藏书楼发起演说会。然而，陈独秀等人的活动引起了清朝安庆地方当局的警觉，准备逮捕学社为首分子。陈独秀只好与潘赞化计划再次东渡日本。

陈独秀临行前，妻子高晓岚已有身孕。年底，高晓岚生了一个圆圆脸、活泼好动的儿子，因为排在庆元的三个儿子遐年、遐勋、遐永及陈独秀的儿子延年之后，小名小五子。这个小五子，便是陈乔年，即陈独秀的二儿子。

陈独秀途经南京时，陈独秀告诉汪希颜，自己写了两卷《小学万国地理新编》，准备送到上海商务印书馆出版。

汪希颜向他推荐了在芜湖搞图书发行的弟弟汪孟邹，而后汪孟邹成为陈独秀日后革命运动中的一个得力的助手。

第三节　转向革命

一、第二次赴日

1902年9月，陈独秀再次东渡日本，进入成城学校陆军科学习军事。此时，日本留学生中的政治分野日益分明。是年冬，一些退出励志社的留日志士秦毓鎏、张继等发起成立青年会，以"明白揭示以民族主义为宗旨，破坏主义为目的"为会旨。青年会成立的那天，陈独秀（署名陈由己）和秦力山、张继、苏曼殊等9人加入了青年会，这是留学生界团体中接触民族主义最早的团体。陈独秀在青年会中结识了邹容、章太炎、汤尔和等人。

在日本留学的日子里，西方资产阶级思想让陈独秀如沐春风。他除了广泛阅读西方近代各种政治文化学说、文艺创作与社会理论书刊外。还进一步反思维新改良，比照着西方思想家对民主自由权力的阐述，开始由"改良"转向"革命"，实现了思想上的一次飞跃。

由于越来越多的知识青年在东京集会，清朝政府十分惶恐不安。为约束留日学生，清政府特派遣学监到日本。当时，负责管理中国湖北留日学生的学监姚煜，奴颜媚骨，协助驻日使馆官员阻碍中国留日学生的正当利益和要求。大伙瞧不起姚煜的奴婢相，打算找个机会教训一下这个奴才。

1903年3月的一个夜晚，在昏暗的月光下，有几个黑影轻手轻脚地闯进了姚煜的住室。只见抱腰的抱腰，捧头的捧头，捉手的捉手，惊慌失措的姚煜还没有弄清楚发生了什么事，只听得咯嚓一响，姚煜的辫子被连根齐刷刷地剪去。大家发一声喊，顷刻间"人去辫空"。当夜，姚煜的辫子就被挂到了留学生会馆门前。

第二天，姚煜向清廷驻日本使节诉苦。不久，日本警方查出了此事是陈独秀、张继、邹容等人的杰作，于是将三人驱逐出境。4月上旬，被日本驱逐的陈独秀、邹容、张继乘船到上海，一起去《苏报》编辑部看章士钊。

知道了三人被逐的经过后，章士钊哈哈大笑，并让他们留下来共同协办《苏报》。结果，邹容要写《革命军》，陈独秀急着要回家，只有张继答应留在《苏报》编辑部。

二、藏书阁演讲

1903年4月，正是拒俄运动蓬勃兴起之时，陈独秀与潘赞化等人热血沸腾，迅速赶回安庆筹组安徽爱国会，呼应上海拒俄运动。为了动员更多的青年学生投入拒俄运动，陈独秀等人商定，于5月17日在藏书楼举行一次拒俄演说会，并写了"知启"张贴在安徽大学堂、武备学堂、桐城学堂、怀宁学堂门前及街头。尽管演说会当日下午下着雨,但是仍有300余人来听演讲,一时间人声鼎沸。陈独秀疾步登台,开始了激奋的拒俄演说,痛斥了沙俄企图独霸东北的侵略条款,介绍了沙俄在东北的暴行。顿时,喧闹的人群静寂下来。陈独秀的演说词情慷慨,爱国心殷切,反帝意志坚决,室内外掌声雷动,淹没了室外的倾盆大雨声。接着,各学堂魁杰王国桢、柏文蔚、潘赞化等二十余人相继登台演说。会场里高潮迭起,群情激昂。众人演说完毕,陈独秀"趁热打铁",倡议成立安徽爱国学社,这一倡议得到了与会者一致赞成,并公推陈独秀、潘赞化等七人为安徽爱国会的负责人,负责起草社章。

第二天,大学堂的总办、提督、总教的办公桌上,学生请假条越来越多。有的学生甚至公开号召停止上课,公开要求校方专门操练学生、组织学生军到东北与俄军作战。这引起了清政府的极度恐慌,两江总督闻讯大惊失色,密令安徽巡抚密察为首者,迅速平息安徽风波。安庆知府桂英接到两江总督电令,立即查封了藏书楼,并发布公告,污蔑陈独秀等人聚众闹事,并要求学堂的总办、提督将闹事的为首分子开除学籍。于是,安徽大学堂总办开除了柏文蔚、郑赞丞等十几个请假的学生。由于有人事先将逮捕陈独秀的命令透露给了陈独秀，所以，在6月27日夜里，陈独秀草草收拾行李，避往上海，逃过了一次牢狱之灾。

藏书楼演说会虽然被查禁镇压，但它播下的革命种子，却在安庆大地上发育、成长起来了，安徽的革命形势也一天天地高涨起来，而陈独秀也由信奉康梁改良派转为反帝反封建的革命战士。

第四节　创办《安徽俗话报》

一、萌发办报愿望

1903年6月30日，因《苏报》刊登章炳麟写的《革命军》序，上海警方逮捕了章炳麟。第二天，《革命军》作者邹容愤而到巡捕房投案。7日，《苏报》被封闭。这就是震动一时的《苏报》案。

陈独秀逃往上海后，《苏报》案已接近尾声。当他听了章士钊等友人对《苏报》案的介绍后，气愤异常，义愤填膺，对清政府的反动行为深恶痛绝。同时，也对邹容的大无畏精神赞颂不已。为了继续传播革命思想，章士钊等人酝酿创办《国民日日报》，以直接代替《苏报》，于是陈独秀便投入到办报活动之中。由于《国民日日报》揭露了清政府的黑暗统治，触动了清政府的神经，于是清政府通令长江一带严禁售阅该报，同时，由于编辑部内部经费短缺、纷争不断，12月初，该报被迫停刊。陈独秀、章士钊、苏曼殊辛苦一场，面对短命的《国民日日报》，不得不再次分手。满怀惆怅的陈独秀又潜回家乡安庆。

1903年12月，回到安庆的陈独秀并不甘于寂静的生活。他经常与桐城学堂的房秩五、吴守一等人谈论国家大事。受《苏报》和《国民日日报》的影响，陈独秀回到安庆后，觉得安徽落后于江浙各省，上海、杭州、绍兴、宁波、苏州等地都办有白话报，宣传革命思想，安徽也应该有这样的刊物。于是，他与"安徽爱国会"的房秩五、吴守一二人商量共同筹办《安徽俗话报》，希望能开拓皖省风气，促进革命思想的传播。

二、发行《安徽俗话报》

为了获得支持，陈独秀写信给安徽知名人士胡子承商议此事。胡子承写信给已在芜湖开办新书店"科学图书社"的汪孟邹，汪孟邹与该社同仁商妥后，答应科学图书社作为《安徽俗话报》的发行机关，这样，发行的问题就解决了。

1904年初，意气风发的陈独秀背着一个简单的包袱，只身一人来到了芜湖，开始了创办报纸的准备工作。当时面临的另一个问题便是印刷，为了解决这个问题，陈独秀写信给挚友章士钊，请他主办的东大书局印刷厂负责印刷。发行和印刷两件大事解决后，又一个难题摆在眼前：办报的资金从何而来？经过商议，大家提议向社会募集资金。就这样，陈独秀四处奔走，为创办报纸四处募集资金。在他的努力下，《安徽俗话报》于1904年2月15日创刊，3月31日正式出版。

陈独秀对白话报寄予了极大的热情，从分拨、打包、寄送，事无巨细都亲自动手。《安徽俗话报》的主旨是反帝救国、开启民智。陈独秀在白话报创刊的第一期上就发表了《开办安徽俗话报的缘故》一文，表明了这一主旨，他说："我开办这报，是有两个主义。第一是要把各处的事体，说给我们安徽人听听，免得大家躲在鼓里，外边事体一件都不知道。况且现在东三省的事，一天紧似一天，若有什么好歹的消息，就可以登在这报上，告诉大家，大家也好有个防备。我们做报的人，就算是为大家打听信息的人，这不好吗？第二是要把各项浅近的学问，用通行的俗话演出来，好教我们安徽人无钱多读书的，看了这俗话报，也可以长点见识。"正是为了提高普通百姓对时事的关心，所以《安徽俗话报》的文章大都短小精悍，内容生动活泼，语言通俗易懂，提出的问题切中要害，发人深思，深受广大读者欢迎。

《安徽俗话报》是陈独秀创办的第一份杂志，他以"三爱"的笔名发表了大量文章，其中表现最多的就是反帝爱国的思想。《安徽俗话报》的发行，如同响彻天宇的惊雷震动了皖城大地，受到进步青年的热烈欢迎。经过陈独秀的努力，该报发行半年的售额就达到了3000份，成为当时全国各地近40种白话报中影响最大的一份。然而，它鲜明的反帝色彩也触怒了清政府和帝国主义列强，特别是英帝国主义，他们勒令白话报停刊。因而在出了22期之后，《安徽俗话报》不得不于1905年9月停办。

虽然《安徽俗话报》停刊了，但是它在皖城的影响是巨大的。而陈独秀通过创办《安徽俗话报》也积累了丰富的办报经验，为后来创办《新青年》打下了基础。

第三章　投身辛亥革命

第一节　革命前的平静

一、建立岳王会

随着清政府统治的日益腐败，资产阶级革命力量的不断增长，各地纷纷建立了革命组织。面对日新月异的革命形式，安徽也急需建立一个像兴中会、华兴会那样的革命组织，以担负起领导安徽进行革命斗争的重任。

早在少年时代，陈独秀就经常听长辈们讲述岳飞"精忠报国"、文天祥"誓死抗元"等英雄故事，对于岳飞、文天祥等英雄的崇高气节十分崇拜。因此，1905年七八月间，陈独秀、柏文蔚与安徽公学师范班学生常恒芳等人着手发起成立岳王会，要大家效法岳飞的精忠报国。陈独秀吸取了公开成立青年励志社、安徽爱国会而遭清廷当局通缉的教训，将岳王会规定为一个秘密组织，会员入会，采取江湖上习用的烧香宣誓方式，绝对保守秘密。岳王会的会长由陈独秀担任，陈独秀利用会费，租了两间房子做秘密联络点。

1905年10月，赵声邀请柏文蔚到南京新军第九镇任武官，柏文蔚不久在南京成立岳王会分会。在柏文蔚的努力下，岳王会很快就在新军中发展了一批军人入会。当年冬，常恒芳应邓绳候之聘，赴安庆尚志学堂任训导主任。从此，岳王会分为三个部分：陈独秀任芜湖总会会长，柏文蔚和常恒芳任南京、安庆两个分部长。陈独秀自由惯了，不愿意受约束，更不善在军界周旋，因此芜湖岳王会总部无大的发展。而刘师培所领导的光复会则因为在安徽公学中暗植势力，所以在芜湖发展迅速。1907年安庆发生的徐锡麟谋刺恩铭事件，引起了清政府的注意，于是，芜湖成为防范革命的重点，迫使许多革命党人纷纷远走他乡。陈独秀也东渡日本，因而芜湖岳王会总部的活动也渐告停止，岳王会重心转移到当时皖省省治所在地安庆。年底，孙中山派22岁的吴旸谷（吴春阳）到南京组织长江流域同盟会，岳王会南京分会和芜湖分会也在此时加入了同盟会。

岳王会的成立，使安徽的革命活动进入了一个新的阶段，即有组织地进行革命的阶段。岳王会积极发展新军、从事武装斗争的做法，超越了之前革命党人侧重发展秘密会党和进行暗杀活动的陈旧做法，为辛亥革命的爆发奠定了重要的基础。

二、第三次赴日

陈独秀在芜湖利用汪孟邹的科学图书社联络革命党人进行反清活动，惹怒了安徽巡抚恩铭，于是被迫于1907年再次离皖赴日本东京，进入正则英语学校学习英语，与苏曼殊、章士钊等人同住一间小房。陈独秀这次在日本的时间较长，约有两年半，除了在学校学习外，主要是与章太炎、苏曼殊、刘师培等大学问家切磋中西学问。章太炎是1906年6月出狱后来到东京的，任《民报》总编辑。章太炎古文造诣很高，平常喜欢讲《说文解字》。陈独秀很佩服他的"朴学"，章太炎也很推举陈独秀的文字学。当时钱夏（钱玄同，字德潜）也在《民报》

馆。陈独秀不参加同盟会，但喜欢读同盟会创立的《民报》。通过《民报》，陈独秀第一次接触并了解了马克思主义和社会主义思想。1906年《民报》刊载的朱执信的《德意志社会革命家小传》，介绍了马克思、恩格斯的生平，并全译了《共产党宣言》的10项纲领；1907年张继又在《天义报》上部分介绍了《共产党宣言》，并介绍了马克思的情况。这些使陈独秀耳目一新，思路更为开阔。

但是，此时的陈独秀并没有接受马克思主义，而是沉醉于拜伦与雪莱的诗歌之中，并产生了拜伦的浪漫主义情怀。

1908年秋，陈独秀与苏曼殊共游日本风光名胜日光山蓬瀛的华严瀑布。面对飞流的瀑布、如画的风景，陈独秀的心里萌生出了感慨与哀愁。

1907年7月，革命党人徐锡麟和秋瑾因反清起义失败，先后壮烈殉国；1907年11月，孙中山领导的潮州、惠州起义也先后失败。这些对陈独秀的思想产生了较大的震动，多年来的奋斗都惨遭失败，不知道胜利之路在何方，胜利之期在何时？此时的他，在思想上陷入一种空前的彷徨之中。面对着革命战友一个个的离去，他心中增添了对故友的哀思。触景生情，陈独秀作《华严瀑布》诗十四章，诗中写道：

> 列峰颦修眉，湖水漾横波；
>
> 时垂百丈泪，敢问意如何？
>
> 死者浴中流，吊者来九州；
>
> 可怜千万辈，零落卧荒丘。
>
> 日拥千人观，不解与君语；
>
> 空谷秘幽泉，知音复几许。
>
> 我欲图君归，虚室生颜色；
>
> 画形难为声，置笔泪沾臆。

这些诗既是陈独秀哀伤怀念之情的流露，也是其继续探索救世之策的决心。经过了生与死的洗礼之后，陈独秀的革命意志更加坚定，这也促使他投入到了轰轰烈烈的革命洪流之中。

第二节　皖府秘书长

一、皖城革命

1911年10月10日，武汉地区革命团体文学社和共进会发动了举世闻名的武昌起义，成立了湖北军政府。在武昌首义的胜利鼓舞下，全国各地纷起响应，革命之火遍布全国，清王朝的反动统治处于摇摇欲坠之中。

武昌起义爆发时，陈独秀仍在杭州陆军小学任教。得知武昌起义的消息后，陈独秀积极投入到革命中去。陆军小学堂成为当时通讯联络机关之一，陈独秀利用这一便利条件进行宣传鼓舞工作，对杭州各机关学校等散发传单。

有一次陈独秀起草了一篇檄文，让周亚卫用一张大纸写好，深夜里贴在了鼓楼的门旁。然而，第二天，这张檄文不见了，取而代之的是抚台衙门严厉镇压的启事。但是，革命的烈火是不能被扑灭的。在浙江革命党人的努力下，11月5日，杭州光复；翌日，浙江军政府成立。

然而，陈独秀在参加浙江光复的同时，也时刻关注着安徽的革命形势。此时的安徽，封建统治势力仍很强大。面对滚滚而来的革命洪流，安徽巡抚朱家宝惶惶不可终日。他不但不响应革命，反而要求清政府增兵派将，以防革命发生。陈独秀身在杭州，但却没有置身事外。他积极与安徽同盟会员管鹏、吴旸谷、韩衍、金维系、顾景文、李乾玉、万兴安、蕲少斋、龚克宝、葛瑞芝等人联络,想利用新军的革命基础,督促新军响应,但没有成功。

  随着形势的发展,全国其他各省相继独立,安徽谘议局见清廷大势已去,转而同情革命。于是革命党人与安徽谘议局联合起来进行斗争,朱家宝被迫于11月8日宣布安徽独立。但是,安徽宣布独立后,军政大权并没有掌握在革命党人手中,而是仍掌握在以朱家宝为首的反动势力手中。革命党人反对朱家宝搞假独立,于11日召开军、学各界代表会议,自行宣布独立,推同盟会会员王天培为都督,随后又被朱家宝赶走,革命党人也遭到朱家宝的排挤,安徽陷入群龙无首的状态。为争夺安徽的控制权,同盟会会员吴旸谷赴九江借兵,赣军黄焕章将朱家宝赶走,但却乘机洗劫皖省藩库、军械库,给安徽造成了巨大的损失。11月16日,安徽成立所谓军政府,黄焕章为总司令。11月17日,李烈钧率军来安庆处理黄焕章之乱,将其逐出安庆,为安徽的真正独立奠定了基础。12月12日,安徽临时议会开会,推举在沪的孙毓筠为都督。21日,孙毓筠抵安庆,正式成立安徽军政府。

二、出任秘书长

孙毓筠是陈独秀的老朋友，加上陈独秀在安徽革命群众中有巨大的影响。因此，他一上任就拍电报，邀请陈独秀赴皖做都督府秘书长。陈独秀接到邀请后，很高兴被孙毓筠器重，于12月携高君曼取道上海回到安庆。回到安庆后，他们住在了宣家花园而没有住在家中。宣家花园是都督府应陈独秀要求，事先给他安排好的寓所。这座寓所是一处四合院，环境优雅，所有生活设施一应俱全，最重要的是离陈独秀家较远，生活起居比较方便，更避免了与家人相见而产生的一些不必要的摩擦。

1912年1月初，陈独秀走马上任。孙毓筠嗜大烟，以为革命已经成功了，因此对政事不太关心，实际工作就由秘书长陈独秀主持。这恰恰给准备大干一场的陈独秀一个良好的机会，因此他很快就投入到实际工作中去。陈独秀认为，推翻清政府不过是革命的第一步，而第二步就是要进行建设，这包括改善人民生活，反对任用旧官僚，大刀阔斧地进行改革，等等。

陈独秀上任办的第一件事，甚得孙毓筠的赏识。1911年6月，安徽遭受特大洪灾，许多州县死亡人数激增。天灾人祸，把安徽的形势搞得一片混乱,严重地影响了安徽军政府的稳定。所以,1912年初陈独秀一上任,就与卢含章、李光炯等人来到上海,与上海旅沪各界及华洋义赈会联系,商谈募捐、借款等事项。人们慕陈独秀之名,纷纷解囊相助。安徽旅沪同乡会还成立了"全皖工赈办事处",选举陈独秀等14人担任议董,募集资金,抢修沿江大堤,极大地稳定了安徽局势,解决了灾民的生计。

然而,由于辛亥革命的不彻底性,陈独秀并没有进行大刀阔斧改革的机会。1912年4月,安徽的庐州(孙万乘)、芜湖(吴振黄)、大通(恭钟岳)三处军政分尉不听孙毓筠的指挥,形成割据局面。孙毓筠无法驾驭皖局,被迫称病告假,要柏文蔚代理皖督。陈独秀见孙政权内外交困,孙毓筠又不支持他的兴皖计划,一气之下,将职位让给李光炯,自己去新恢复的安徽高等学校了。

三、保卫皖城革命成果

1912年5月,袁世凯电召孙毓筠赴京,聘其为袁世凯的顾问。孙毓筠一去不返,安庆再次陷入群龙无首的局面。此时,南北议和达成，辛亥革命最终以向旧势力妥协而宣告结束，孙中山被迫辞职，由袁世凯继任大总统，这使得安徽的革命形势也变得更加困难。6月间，陈独秀到南京浦口与此时驻守在这里的柏文蔚密商皖事，希望柏文蔚回安庆，以保存安徽的革命力量。6月下旬，柏文蔚接受陈独秀的建议，回安庆接任安徽都督兼民政长，并任命陈独秀为都督府秘书长，并充实、整顿了行政机构，将革命同志安插进去，保存了革命力量。但是，柏文蔚是军人出身，对治皖缺少计谋。因此，安徽几乎一切大政方针均由陈独秀决定。

陈独秀任都督府秘书长的这段时间里，协助柏文蔚做了大量的工作。当时皖省都督府在安庆曾有焚烧英商鸦片之举。1912年10月23日，孙中山抵安庆，在都督府欢迎会上演说盛赞此事。

针对袁世凯日益暴露的反动面目，陈独秀主张积极扩充军备以防袁氏，并同反袁势力管昆南、卢仲农等人联合起来，共同对亲袁派胡万泰等人进行斗争。陈独秀还与柏文蔚商量决定了反袁的基本方针：以孙中山的意志为转移，决不违背革命的宗旨，无论何种建议主张，皆不为动。

第三节 革命后的迷茫

一、第一次被捕

1913年，袁世凯窃取临时大总统并先发制人，先后免去江西都督李烈钧、广东都督胡汉民、安徽都督柏文蔚等人职务。6月30日任命孙多森为安徽民政长兼安徽都督。陈独秀拒绝与孙多森共事，在孙未上任之前即递交了辞呈。

7月12日，李烈钧等人于江西湖口宣布起义，标志"二次革命"开始。黄兴发表讨袁通电，并请柏文蔚出山，任安徽讨袁军总司令。17日，柏文蔚宣布皖城独立，兴兵讨袁。陈独秀也携家属到上海，稍作安排后便与柏文蔚返抵安庆。安徽宣布独立后，大家推举柏文蔚为讨袁总司令，胡万泰代理都督事宜。陈独秀协助制定讨伐袁世凯大计，并起草了独立宣言，指出："总统袁世凯凶残狡诈，帝制自为，戕贼勋良，灭绝人道，恶贯满盈，人民发指。近日更无辜派兵蹂躏苏赣，东南各省同伸义愤，声罪致讨。吾皖岂能独后？

兹特邀请军商绅各界会议决定，即日宣布独立。公推柏文蔚为安徽讨袁军总司令，胡万泰暂行代理都督事宜，孙多森担任民政长事宜。除通电外，特定简章规约数条，布告我商民人等，一体知照。"①当时，宣布独立的还有江苏、广东、上海、福建、湖南、四川等省市。袁世凯对此痛恨至极，于是花重金收买了柏文蔚的手下胡万泰。胡万泰叛变后，率兵攻打都督府，皖城的"二次革命"宣告失败，柏文蔚被迫离皖逃到南京，陈独秀也逃亡到芜湖。在胡万泰倒戈反柏的危急时刻，芜湖驻军龚振鹏不但没有率部救应，反而纵容其部下在芜湖杀人无度，陈独秀十分愤怒，和师长袁家声进了龚指挥部，对龚进行指责。龚振鹏气急，命令部下将陈独秀关了起来，并准备枪毙。龚振鹏本来是柏文蔚手下一个旅长，两人因权位产生了矛盾，所以这次龚振鹏没有出兵帮助柏文蔚。但是对龚振鹏来说，陈独秀只不过是柏都督的一个秘书，又是落难之人，根本没有资格当着他的部下的面指责他。

陈独秀在皖已很有名声，时任皖军副司令的旅长张子刚

---

① 1913年7月22日《民立报》。

知道后，大吃一惊，连忙带领手枪卫士到了龚振鹏司令部。龚振鹏一见张子刚兵谏，不敢立即下手。刘叔雅等人趁机派人送信给在南京的柏文蔚，请他火速来救陈独秀。在众人的营救下，陈独秀才得以释放。这是陈独秀一生中第一次被捕。

二、陷入困境

"二次革命"失败后，大局急转直下。袁氏爪牙倪嗣冲任皖督兼民政长。10月21日，倪嗣冲发出通告捉拿革命党人，在所列举的第一批20人名单中，陈独秀被列为第一名"要犯"，陈独秀只好从芜湖逃往上海。没抓到陈独秀的倪嗣冲扬言要斩草除根，最后抓走了他的侄子陈永年，抄了陈独秀的家。这是陈独秀参加革命以来第一次被抄家。在大革命失败以后的1927年，国民党第二次抄封了他的家。1938年，日本人占领安庆后，陈家就彻底衰败了。

陈独秀夫妇逃到上海后，除了身上穿的几件破旧衣服，一无所有，这对既无固定经济收入又无正当职业的陈独秀来说是从未有过的绝境。

在寒冷的冬日里,陈独秀家已揭不开锅,但他是条硬汉,从不轻易张口借钱。他到在上海开办亚东图书馆的汪孟邹那里坐了很久,但不肯开口借钱。汪孟邹知道他家又断炊了,于是便拿一点钱给了陈独秀。陈独秀无奈地接过了汪孟邹递过来的钱,回去了。

1914年的春天,陈独秀得知章士钊在日本办《甲寅》杂志,便写信给章士钊,打算再到日本去谋求出路。他在给章士钊的信中说,"自国会解散以来,百政俱废,失业者盈天下又复繁刑苛税,惠及农商,此时全国人民,除官吏、兵匪、侦探之外,无不重足而立,生机断绝","国人唯一之希望,外人之分割耳","仆本拟闭户读书,以编辑为生,近日书业,销路不及去年十分之一,故已搁笔,静待饿死而已"。[①]章士钊接到陈独秀的求援信后,即函邀陈独秀赴日。1914年7月,陈独秀第五次也是最后一次去日本,入雅典娜法语学校学习法语,并协助章士钊编辑《甲寅》杂志。

---

① 《甲寅》第1卷第2期。

第四节　投身《甲寅》杂志

一、爱国心与自觉心

《甲寅》杂志于1914年5月10日在日本东京创刊，由胡汉民发起，章士钊任主编。该刊以条陈时弊、朴实学理为宗旨，设有时评、政论、通信、论坛、文艺等栏目，是一本政论性杂志。《甲寅》杂志的主要撰稿人除了章士钊、陈独秀外，还有留日的学生李大钊、高一涵、张东荪、苏曼殊等人。他们反对专制，主张革新，宣传资产阶级民主政治，但同时也反对使用暴力，因此在抨击时政的同时，对革命激进派也进行了批评，因此并不像其他反袁报刊那样旗帜鲜明。陈独秀在《甲寅》杂志工作期间，以文会友，结识了李大钊、高一涵、易白沙等人，为后来的新文化运动创造了条件。

陈独秀在协办《甲寅》的同时，也积极在该刊上撰文。其中影响最大的是《爱国心与自觉心》，这是陈独秀第一次以"独秀"的名字发表的文章。在文章中，陈独秀对国人漠视国事、没有爱国心与自觉性的惰性思想进行了深刻的批评，他指出："今之中国，人心散乱，感情智识，两无可言。惟其无情，故视公共之安危，不关己身之喜戚，是谓之无爱国心。惟其无智，既不知彼，复不知此，是谓之无自觉心。国人无爱国心者，其国恒亡。国人无自觉心者，其国亦殆。二者俱无，国必不国。"陈独秀认为，爱国心是一国建立的要素，但中国人将国家与社稷同等看待，误将爱国与忠君同义。国家建立后，人民成为了缔造者的牺牲品，没有丝毫的自由权利与幸福可言。与中国不同，近世欧美人将把国家看作国人共谋安宁幸福的团体，宪法保障了人民的权利。在批判了中国传统国家观的基础上，陈独秀进一步阐释了自己的国家观和爱国心，指出："土地、人民、主权者，成立国家之形式耳。人民何故必建设国家，其目的在保障权利，共谋幸福，斯为成立国家之精神。""爱国者何？爱其为保障吾人权利谋益吾人幸福之团体也。自觉者何？觉其国家之目的与情势也。是故不知国家之目的而爱之则罔，不知国家之情势而爱之则殆。"

在当时社会环境和陈独秀自身所处的艰难困境下，《爱国心与自觉心》一文无疑有很多过激的言论，并且对很多问题的看法也很消极。然而，陈独秀却鲜明地指出了爱国救国的出路在于自觉心，特别指出了国家的本质及人民所应该拥有的民主权利。这在当时来说，无疑是一种超越时代的进步。

然而，当时很多读者都不能理解陈独秀的观点，就连李大钊也写了一篇《厌世心与自觉心》的文章对陈独秀的观点进行温和的批评。但是，时隔几月后，国情发生了很大的变化，袁世凯接受日本灭亡中国的"二十一条"、张勋复辟等事件惊醒了国人，许多人对陈独秀观点，由责骂、抗议转变为接受、推崇。

二、产生共鸣

自"二次革命"失败之后，舆论界在总结"共和"政制失败的教训时，出现了一种强调"国权"，抑制"民权"的论调。梁启超等人更提出"国"为重，"民"为轻，认为"共和"就是民主，"国权"就是民权的一种说法。认为当时中国还没有实行共和制度的基础，因此，为了实现民主，先要实行专制，即"开明专制"。主张通过袁世凯这样握有强大实力的人物，在"共和"的形式下，运用专制手段，把国家引上宪政的轨道。

但事情的发展并不如梁氏一派所愿。袁世凯上台执政后，中国的政制生活日趋专制，根本无开明可言。由此，梁启超也开始觉醒，他在《大中华》上发表了《痛定罪言》，从侧面回应了陈独秀的《爱国心与自觉心》。梁启超列举了若干个有国不如无国的事例，痛告国人，并说有此同感者竟十之八九。章士钊更称陈独秀为"汝南晨鸡，先登坛唤耳"。

陈独秀用民主观揭示出了袁世凯政府的专制与腐败，痛斥了他对外屈膝投降，对内残害人民的罪行，观点鲜明，鞭辟入里。

辛亥革命最终失败了，造成革命失败的主要原因是：中国资产阶级力量的软弱和帝国主义、封建势力的强大。不仅如此，中国的资产阶级和帝国主义、封建势力之间也有着难以割舍的联系，而同广大的下层劳动群众又严重脱离。正因为如此，资产阶级不可能提出一个明确而完整的反帝反封建的政治纲领，更不可能广泛地发动占中国人口大多数的下层人民群众，也没有形成一个能够领导革命进行到底的坚强有力的革命政党，而这些问题正是决定中国革命胜败的关键问题。

在《爱国心与自觉心》一文中，陈独秀对革命道路作了有益的探索，他初步认识到国民思想解放的重要性，找到了新的斗争方向，为以后传播科学与民主的新思想，领导新文化运动，作了思想上的准备。总之，《爱国心与自觉心》是辛亥革命失败后，陈独秀思想的集中反映。此时的他虽陷于革命失败后痛苦、彷徨、苦闷的情绪之中，但并没有一蹶不振，而是从失败中总结经验教训，重新思考并探索中国革命之路。

三、重新启程

在陈独秀第五次东渡日本后，妻子高君曼虽有汪孟邹的接济，但生活仍然十分艰难，只能勉强度日，此外还要抚养年幼的儿女陈子美、陈鹤年。白日里高君曼辛劳忙碌，晚上还得挑灯为孩子缝补衣物，思念远在异国的丈夫。时间一久，高君曼身衰体弱，面容憔悴，已不见昔日的风采。一天，正忙着洗衣的高君曼，突然觉得心头一阵难过，胸口发闷，头昏目眩，紧接着一声大咳，吐出殷红殷红的鲜血，昏倒在地。年幼的女儿子美、儿子鹤年吓得哇哇大哭。汪孟邹闻讯赶来急忙送高君曼到医院抢救才脱离危险。经过诊断，高君曼因长期劳累过度，得了肺病咯血，身体处于极度虚弱状态，需要继续治疗、休息和补养。于是，汪孟邹写信给陈独秀让他速速归国。

陈独秀接到汪孟邹的信后，归心似箭，匆匆告别章士钊，登上了回国的海轮。此时的他心中已经找到了一条新的革命道路，即进行思想革命。而要革中国人思想的命，须办杂志，启蒙民智，激发群情，唤起国民魂。

1915年6月中旬，陈独秀和易白沙从日本回国到达上海。陈独秀住在法租界澎山路南口一栋砖木结构的楼房里，与分别了一年的妻子及儿子鹤年、女儿子美团聚在一起。

第四章　新文化运动领导者

第一节　创办《新青年》

一、创办《青年杂志》

陈独秀回国后，正是袁世凯复辟帝制的高潮期。社会上尊古、复古思潮和政治上的帝制、复辟丑剧沆瀣一气。面对残酷的现实，陈独秀更加坚定了思想革命的主张，他认为要对抗袁世凯的复辟帝制，就必须仿欧洲文艺复兴，在思想界发起一个反封建的启蒙运动。而要使启蒙运动真正产生较大的影响，最好的形式莫过于办杂志。于是，陈独秀自日本回到上海后就立即着手筹办《青年杂志》。

他找到汪孟邹谈创办新杂志之事，但是当时亚东图书馆已经担负了几家杂志的发行任务，无力再接受新杂志发行的任务。于是提议由他的两位朋友，陈子沛、陈子寿开办的群益书社承接。陈氏兄弟表示愿意承担新杂志的发行工作，但提出每期编辑费、稿费只能定在200元。此时的陈独秀一心只想办一份能启迪人们思想的新杂志，对于稿费等事根本没有放在心上，所以二者一拍即合。1915年9月15日，由陈独秀为主要撰写人的《青年杂志》创刊，标志新文化运动的发端。

《青年杂志》编辑部设在上海，1917年随陈独秀迁到北京，这是一个综合性学术刊物，6号为1卷，每号约100页左右。由于上海有一个基督教青年会办的《上海青年》杂志，两者名字有雷同之处，所以基督教青年会要求《青年杂志》改名，陈独秀一开始不同意改名，但是汪孟邹、陈子寿等都主张改名。经过商议，决定将其改名为《新青年》。1916年9月1日，《青年杂志》出完1卷6号后，正式改名为《新青年》出版发行。此时，杂志由陈独秀一人主撰，改为同人刊物，陈独秀仍负主要责任。从第7卷第1号（1919年12月）起又由陈独秀主撰。此后不久陈独秀南下返沪，编辑部又迁回上海。在1920年陈独秀等创立中国共产党发起组后，《新青年》从第8卷开始成为中共发起组的机关刊物。至1922年7月1日出版了第9卷第6号后休刊。1923年《新青年》季刊在广州创刊,瞿秋白担任主编,成为中共中央理论性刊物。

二、举起民主与科学的旗帜

在《青年杂志》创刊号上,陈独秀发表了《敬告青年》,举起了科学和民主两面大旗。为避免文字狱,陈独秀提出办杂志的宗旨为:改造青年之思想,辅导青年之修养。陈独秀进而向青年提出了六点希望:

(一)自主的而非奴隶的

陈独秀认为:"世称近世欧洲历史为'解放历史'——破坏君权,求政治之解放也;否认教权,求宗教之解放也;均产说兴,求经济之解放也;女子参政运动,求男权之解放也。解放云者,脱离夫奴隶之羁绊,以完其自主自由之人格之谓也。我有手足,自谋温饱;我有口舌,自陈好恶;我有心思,自崇所信;绝不认他人之越俎,亦不应主我而奴他人;盖自认为独立自主之人格以上,一切操行,一切权利,一切信仰,唯有听命各自固有之智能,断无盲从隶属他人之理。"

（二）进步的而非保守的

陈独秀认为，"人生如逆水行舟，不进则退，中国之恒言也"，世界"无日不在演进之途，万无保守现状之理；特以俗见拘牵，谓有二境，此法兰西当代大哲柏格森之'创造进化论'所以风靡一世也"，而中国"故步自封，精之政教文章，粗之布帛水火，无一不相形丑拙。而可与当世争衡？""吾宁忍过去国粹之消亡，而不忍现在及将来之民族不适世界之生存而归削灭也"。

（三）进取的而非退隐的

陈独秀指出："夫生存竞争，势所不免，一息尚存，即无守退安隐之余地。排万难而前行，乃人生之天职。以善意解之，退隐为高人出世之行；以恶意解之，退隐为弱者不适竞争之现象。欧俗以横厉无前为上德，亚洲以闲逸恬淡为美风，东西民族强弱之原因，斯其一矣。"因此，他希望"青年之为孔、墨，而不愿其为巢、由；吾愿青年之为托尔斯泰与达噶尔，不若其为哥伦布与安重根！"

（四）世界的而非锁国的

陈独秀认为，"举凡一国之经济政治状态有所变更，其影响率被于世界,不啻牵一发而动全身也。立国于今之世,其兴废存亡,视其国之内政者半,影响于国外者恒亦半焉","国民而无世界知识,其国将何以图存于世界之中?语云:'闭户造车,出门未必合辙'。今之造车者,不但闭户,且欲以周礼、考工之制,行之欧美康庄,其患将不止不合辙已也!"

(五)实利的而非虚文的

陈独秀认为,欧美国家"崇实际而薄虚玄",而中国则"崇尚虚文",特别是"人心之所祈向,无一不与社会现实生活背道而驰。倘不改弦而更张之,则国力莫由昭苏,社会永无宁日。祀天神而拯水旱,诵《孝经》以退黄巾,人非童昏,知其妄也。物之不切于实用者,虽金玉圭璋,不如布粟粪土。若事之无利于个人或社会现实生活者,皆虚文也,诳人之事也。诳人之事,虽祖宗之所遗留,圣贤之所垂教,政府之所提倡,社会之所崇尚,皆一文不值也!"

(六)科学的而非想象的

陈独秀认为,"近代欧洲之所以优越他族者,科学之兴,其功不在人权说下,若舟车之有两轮焉","国人而欲脱蒙昧时代,羞为浅化之民也,则急起直追,当以科学与人权并重。士不知科学，故袭阴阳家符瑞五行之说，惑世诬民，地气风水之谈，乞灵枯骨。农不知科学，故无择种去虫之术。工不知科学，故货弃于地，战斗生事之所需"。

由陈独秀提出的六点希望中可见，科学与民主贯穿了《敬告青年》全文，由此也成为新文化运动的两大基本口号。

《青年杂志》的创刊，掀起了辛亥革命失败后最重要、最有影响的思想解放运动，是近代中国思想史上最为壮丽的一次精神日出。《青年杂志》在不同程度上借鉴了梁启超《新民丛报》以及陈独秀以前参与编辑的诸种报刊，但是其思想高度则远远超越了这些"先辈"们。

三、壮大《新青年》队伍

《青年杂志》创刊后，汪孟邹向陈独秀推荐自己的同乡，在美国纽约哥伦比亚大学学哲学的胡适。陈独秀一听，高兴得不得了。因为在日本协办《甲寅》杂志时，陈独秀就曾收到一位留美青年的信，提出输入外国文明，要有明达君子的赞助。这个人给陈独秀极深的印象，没想到却是汪孟邹的同乡。于是，陈独秀催促汪孟邹给胡适写信，向胡适约稿。此后，每出一期杂志，陈独秀都要问汪孟邹有没有胡适的回信。于是，汪孟邹一再写信给胡适，催他尽快给《青年杂志》写些文章。1916年2月，胡适第一次给陈独秀写了回信，说自己看了《青年杂志》上陈独秀的文章觉得和自己有不少相同之处，并提出了文学改良的思想与陈独秀交流。陈独秀收到胡适的回信后，兴奋异常。从此，《青年杂志》经常刊登胡适的来信。

1916年9月改名后的《新青年》杂志出版后，作者的队伍有了很大的扩展，很多进步人士都加入到写作之中。除胡适、李光升、张绍南、程宗泗（演生）为安徽人外，其他非皖籍的有李大钊、吴稚晖、刘半农、马君武、苏曼殊、杨昌济、陶履恭、吴虞等。这些作者大多曾留学日本（除胡适等少数人），与陈独秀有着深厚的革命友谊。

《新青年》刚出版时，销路很少，连赠送交换在内，每期约印1000余份。随着新文化运动的日益开展，《新青年》杂志的影响力也不断扩大，销路也剧增，最高时每期可达一万五六千份，成为青年们的抢手货。

1917年初，陈独秀被蔡元培聘为北京大学文科学长，《新青年》也被带到北京。第3卷（1917年3月—8月）的新进作者有蔡元培、钱玄同、章士钊、恽代英、毛泽东（二十八画生）、常乃德、凌霜、刘延睦、方孝岳等。《新青年》第4卷（1915年1月—1918年6月）复刊时，又吸引了大批北大的新派文人和进步学生成为其作者，如周作人、鲁迅、沈尹默、沈兼士、陈大齐、林损、张祖荫、王星拱、俞平伯、傅斯年、罗家伦、袁振英、林语堂等。

在众多作者中，陈独秀最为着力争取的就是鲁迅。《新青年》自创刊以来，发表了许多开创新风的文艺作品，曾给国人耳目一新的感觉，然而，却没有上乘之作。真正能创作出使民众振聋发聩久传不衰的精品之作的，是鲁迅。

鲁迅原在教育部供事，目睹现实政治的黑暗昏昧，对于官场衙门的狗苟蝇营失望至极。为了麻醉自己，他在公暇之际唯有抄写古碑，打发无聊的时光。陈独秀曾读过鲁迅的文章，知道北大教授钱玄同是鲁迅的朋友，便让钱玄同拜访鲁迅，希望鲁迅也能为《新青年》做些事情。

钱玄同告诉鲁迅，陈独秀和他正在编辑的《新青年》，需要朋友的支持，如果鲁迅能做点文章，那将是一件功德无量的事情。鲁迅受到启发和鼓舞，决意拿起笔投入战斗。

1918年5月，鲁迅在《新青年》第4卷第5号上发表短篇小说《狂人日记》，借狂人之口愤怒控诉绵延数千年的旧礼教是"吃人的礼教"。《狂人日记》是应时代精神的召唤而诞生的，是篇讨伐封建礼教的战斗檄文。此后，鲁迅在《新青年》上陆陆续续发表了50多篇文章，其中有小说、随感录、政论文、新诗和译文等。

第二节　向封建伦理道德开炮

一、批判纲常伦理

在中国两千多年封建社会的漫漫长路中，孔子一直是神圣不可替代的至圣先师。以三纲五常为核心的儒家思想是长期以来禁锢人们头脑，束缚人们行为的精神枷锁，是封建社会得以延续的思想根基。因此，《新青年》从1916年初开始，陈独秀和他的战友们在提倡科学、民主的同时，连续发表文章，猛烈抨击儒家的君为臣纲、父为子纲、夫为妻纲的三纲教义，发动了一场思想斗争的攻坚战。

1916年1月15日《新青年》第1卷第5号发表了陈独秀的《一九一六年》一文,揭露"斯国家之人格亦高。个人之权巩固,斯国家之权亦巩固。而吾国自古相传之道德政治胥反乎是。儒者三纲之说。为一切道德政治之大原。君为臣纲。则民于君为附属品。而无独立自主之人格矣。父为子纲。则子于父为附属品。而无独立自主之人格矣。夫为妻纲。则妻于夫为附属品。而无独立自主之人格矣。率天下之男女为臣为子为妻而不见有一独立自主之人者。三纲之说为之也。缘此而生金科玉律之道德名词。曰忠。曰孝。曰节。皆非推己及人之主人道德。而为以己属人之奴隶道德也。人间百行。皆以自我为中心。此而丧失。他何足言。奴隶道德者。即丧失此中心。一切操行。悉非义由己起附属他人以为功过者也"。1916年2月15日,陈独秀在《新青年》第1卷第6号上发表《吾人最后之觉悟》一文,指出:"伦理思想。影响于政治。各国皆然。吾华尤甚。儒者三纲之说。为吾伦理政治之大原。共贯同条。莫可偏废。三纲之根本义。阶级制度是也。所谓名教所谓礼教。皆以拥护此别尊卑明贵贱制度者也。""吾人果欲于政治上采用共和立宪制。复欲于伦理上保守纲常阶级制。以收新旧调和之效。自家冲撞。此绝对不可能之事。盖共和立宪制。以独立平等自由为原则。与纲常阶级制为绝对不可相容之物。存其一必废其一。倘于政治否认专制。于家族社会仍保守旧有之特权。则法律上权利平等经济上独立生产之原则。破坏无余。焉有并行之余地。"因此,"伦理的觉悟。为吾人最后觉悟之最后觉悟"。

陈独秀之所以把伦理觉悟提到如此高的地位,是因为要建立民主制度就必须反对封建伦理道德。因为他认为西方的政治制度是与民众民主、自觉的思想认识相关联的。要想建立民主的政治制度,民众就必须破除对于权威的盲目迷信,破除三纲五常对于人们思想的束缚。因此,陈独秀紧紧抓住封建思想的要害,作坚决的不调和的斗争,他准确地指出三纲思想与共和制水火不容,这在当时无疑具有振聋发聩、石破天惊的巨大影响。

二、痛批复古思潮

陈独秀在批判儒家思想的同时,也开展了对封建复古逆流的斗争。辛亥革命失败后,在思想文化领域出现了一股尊孔复古逆流，政治上也闹出了袁世凯称帝和张勋复辟的丑剧。袁世凯去世后，黎元洪、冯国璋继任为大总统和副总统。为了恢复孔子在思想文化领域内的神圣地位。1916年9月，康有为在《时报》上发表了《致总统总理书》，高唱尊孔复古的论调，主张定孔教为国教。为了驳斥康有为的谬论，陈独秀于1916年10月写了《驳康有为致总统总理书》，指出："中国帝制思想，经袁氏之试验，或不至死灰复燃矣，而康先生复于别尊卑，重阶级，事天尊君，历代民贼所利用之孔教，锐意提倡，一若惟恐中国人之'帝制根本思想'或至变弃也者。"在第2卷第3号上，陈独秀又写了《宪法与孔教》一文，指出："三纲五常之名词，虽不见于经，而其学说之实质，非起自两汉、唐、宋以后，则不可争之事实也。教忠（忠有二义：一对一切人，一对于君。与孝并言者，必为对君之忠可知），教孝（吴稚晖先生，谓孝为古人用爱最挚之一名词，非如南宋以后人之脑子，合忠孝为一谈，一若言孝，而有家庭服从之组织，隐隐寓之于中；又云孝之名即不存，以博爱代之：父与父言博爱，慈矣，子与子言博爱，孝矣。——以上见十月九日中华新报说孝——倘认人类秉有相爱性，何独无情于骨肉？""此等别尊卑明贵贱之阶级制度，乃宗法社会封建时代所同然，正不必以此为儒家之罪，更不必讳为原始孔教之所无。"

在1916年和1917年，参加批评儒家伦理道德观，为争取个性解放而斗争的除了陈独秀外还有李大钊、易白沙和吴虞等人。

李大钊以孔子与宪法的关系为题，针对复古思潮展开了批判。他认为：自由是人类生存必须的要求，无自由则无生存的价值。自由的敌人，是皇帝与圣人，而自我解放，就是在破坏孔子的束制。孔子是历代帝王专制的护身符；宪法则是现代国民自由的证券，专制与自由不能相容，孔子也不应当存于宪法。吴虞在1917年2月《新青年》第2卷第6号上发表了《家族制度为专制主义之根据论》一文，系统分析了《四书》、《孝经》、《礼记》及其他儒家经典，揭露了"孝悌"与封建家族制的关系。吴虞认为"孝"是封建家族制度的灵魂，一个人在家尽孝，在官也就不会"犯上"。因此，"孝"是"忠"的基础，是封建专制政治与家族制度联结的纽带。

由此可见，《新青年》创刊后两年的时间里，大力提倡民主、自由等新道德、新观点，对封建伦理道德进行了深刻的批判。

第三节　举起文学革命之旗

一、输入欧美文学

开始于"五四"前夕的新文化运动，既是一场前所未有的思想革命，同时也是一场声势浩大的文学革命。当时的启蒙思想家，以《新青年》为阵地，不仅全力反对旧道德、提倡新道德，更从内容到形式都对封建文学营垒展开了进攻。中国古典文学硕果累累，源远流长，是中华民族古代文化的重要成分之一。然而，在封建社会的漫漫黑夜中，诗、古文、辞赋被封建文人视为文学的正宗，而戏曲、小说、俚歌等平民百姓所喜闻乐见的文学作品则被斥为旁门左道，贬斥于文学殿堂之外。封建文学的主要形式是八股文，是15世纪至18世纪科举考试的唯一文体。八股文的文体包括破题、承题、起讲、入手、起股、中股、后股、束股八部分，每一部分都有严格而固定的格式，不能随便改动。通过这些形式主义的陈词滥调，封建统治阶级将封建旧文学，灌输到人们的思想中，并阻碍着新思想的传播，因此，反对封建主义，就必须反对旧文学。以陈独秀为代表的先进分子，正是看清了这一深刻的社会意义，才毅然发起了文学革命。

新文化运动文学革命的第一步是从输入、介绍欧美文学名著开始的。从创刊起，《青年杂志》就开始陆续地翻译刊载欧美著名小说，如屠格涅夫的小说《春潮》、英国作家王尔德的《意中人》、易卜生的剧作，等等。其目的就是通过译载这些欧美小说，介绍西方文化思想。

《青年杂志》对于西方文学作品的翻译和介绍，引起了当时青年知识分子的注意，其中远在大洋彼岸美国的胡适，坦率地批评了《青年杂志》所载薛琪瑛译英国作家王尔德《意中人》，指出"以适观之，即译此书者尚未能领会是书佳处，况其他乎！而遽译，岂非冤枉王尔德。"1916年10月1日，《新青年》第2卷第2号发表胡适给陈独秀的信。胡适在信中认为，文学堕落的原因，在于有形式而无精神，貌似而神亏。因此，必须注重言中之意，文中之质，躯壳内之精神。对于如何革命，胡适指出："年来思虑观察所得，以为今日欲言文学革命，须从八事入手。八事者何？一曰不用典；二曰不用陈套语；三曰不讲对仗（文当废骈，诗当废律）；四曰不避俗字俗语（不嫌以白话作诗词）；五曰须讲求文法之结构。此皆形式上之革命也。六曰不作无痛之呻吟；七曰不募仿古人，语语须有个我在；八曰须言之有物。此皆精神上之革命也。"这就是胡适提出的文学从形式到内容革命的八条纲领。陈独秀对胡适所提八条评价甚高，并且向海内外主张改革中国文学的人发出倡议，要他们发表宏议，共同讨论文学改革。

二、发动文学革命

但是，由于胡适顾忌到保守分子的反对，因而用词和行文都比较温和谦虚，这显然难以进行战斗动员。有鉴于此，陈独秀于1917年2月1日发表了著名的《文学革命论》，突破了胡适那种就事论事、温文尔雅的学术讨论的调子，将社会革命和国民精神作为改造的重点，发出了激昂慷慨的文学革命的动员令。陈独秀指出："自文艺复兴以来，政治界有革命，宗教界亦有革命，伦理道德亦有革命，文学艺术，亦莫不有革命，莫不因革命而新兴而进化。近代欧洲文明史，宜可谓之革命史。故曰，今日庄严灿烂之欧洲，乃革命之赐也。"他认为中国文学的各派都需要革命，因为"今日吾国文学，悉承前代之弊：所谓'桐城派'者，八家与八股之混合体也；所谓'骈体文'者，思绮堂与随园之四六也；所谓'西江派'者，山谷之偶像也。求夫目无古人，赤裸裸地抒情写世，所谓代表时代之文豪者，不独全国无其人，而且举世无此想。文学之文，既不足观，应用之文，益复怪诞；碑铭墓志，极量称扬，读者决不见信，作者必照例为之。寻常启事，首尾恒有种种谀词。居丧者即华居美食，而哀启必欺人曰'苫块昏迷'。赠医生以匾额，不曰'术迈歧、黄'，即曰'著手成春'。穷乡僻壤极小之豆腐店，其春联恒作'生意兴隆通四海，财源茂盛达三江'。此等国民应用之文学之丑陋，皆阿谀的虚伪的铺张的贵族古典文学阶之厉耳"。

对于中国新文学的发展方向，陈独秀同样以欧洲文明为参照系，提出要促进中国文学迅速从古典主义向现代化转型。他在《文学革命论》中首尾呼应地指出："今欲革新政治，势不得不革新盘踞于运用此政治者精神界之文学。使吾人不张目以观世界社会文学之趋势，及时代之精神，日夜埋头故纸堆中，所目注心营者，不越帝王，权贵，鬼怪，神仙，与夫个人之穷通利达，以此而求革新文学，革新政治，是缚手足而敌孟贲也。"

而对于中国文学的形式，陈独秀着力提倡白话文。中国封建社会长期以来主要的文学形式是文言文，其弊端是言文背道而驰，呆板僵化，严重束缚了文化的发展和传播。因此，在确定了文学革命的方向后，废弃文言文，提倡白话文，就成为文学革命的一大重点任务。为了推动白话文的应用，《新青年》杂志从1918年1月第4卷第1号起就采用白话体形式，并从第4卷第2号起陆续刊登胡适、沈尹默、刘半农等人写的白话诗来开创白话写作的文风。

陈独秀所掀起的文学革命浪潮，既注重内容的改革，也注重形式上的改革，是内容和形式上的统一，为新文学运动指明了方向，引起了中国文坛从思想到内容到形式的巨大变革，是现代新文学发展的最初探索。

三、回击守旧派的进攻

由于陈独秀积极发动文学革命，1917年1月他被蔡元培聘为北京大学文科学长，相当于后来的文学院院长，这为陈独秀开展新文化运动提供了相当有利的社会条件。陈独秀到北大任教后，因忙于文科学制改革，所以想把《新青年》办成同人刊物。于是，在1918年初，陈独秀召集李大钊、刘半农、钱玄同、沈尹默、鲁迅、周作人等同人开会，商定《新青年》实行轮流编辑，集体讨论制度。3月，《新青年》改为北大文科的刊物。

《新青年》集聚着一批文化精英，宣扬民主与科学的思想，给北大带来一股自由、清新的风。由于提倡白话文，反对文言文，《新青年》的影响迅速扩大。

但是，这也引起了守旧势力的代表、古文家林纾的不满。林纾是近代文学家、翻译家，能诗，能文，能画，有"狂生"的称号。他非常崇尚程朱理学，反对新文化运动废三纲、罢古文的行为。1917年2月林纾在上海《民国日报》发表了《论古文之不宜废》一文，认为提倡白话文会导致"国未亡而文字已先之"。至于为什么应该保留古文，林纾却回答不出来。1919年2月，林纾又在《新申报》发表文言小说《荆生》，以小说中的人物田必美影射陈独秀，以金心异影射钱玄同，以狄莫影射胡适。从三人的嬉笑怒骂中影射新文化运动，反映了封建卫道士们痛恨新思潮、反对新文化运动的情况。1919年4月，林纾又在《文艺丛报》创刊号发表《论古文白话之相消长》，进一步批评白话文，倡导古文，认为"至白话一兴，则喧天之闹，人人争撤古文之席而代以白话，其但始行白话报。忆庚子客杭州，林万里、汪叔明创为《白话日报》，余为作《白话道情》，颇风行一时。已而予匆匆入都，此报遂停。沪上亦闻有为白话为诗，难者从未闻尽弃古文行以白话者。"

为了给社会上反对《新青年》的势力以反击，陈独秀于1919年初写了《<新青年>罪案之答辩书》，对社会上种种非难之声做了回应，他在文中指出："要拥护那德先生，便不得不反对孔教、礼法、贞节、旧伦理、旧政治；要拥护那赛先生，便不得不反对旧艺术、旧宗教；要拥护德先生又要拥护赛先生，便不得不反对国粹和旧文学。大家平心细想，本志除了拥护德、赛两先生之外，还有别项罪案没有呢？若是没有，请你们不用专门非难本志，要有气力有胆量来反对德、赛两先生，才算是好汉，才算是根本的办法。""西洋人因为拥护德、赛两先生，闹了多少事，流了多少血，德、赛两先生才渐渐从黑暗中把他们救出，引到光明世界。我们现在认定只有这两位先生，可以救治中国政治上、道德上、学术上、思想上的一切黑暗。若因为拥护这两位先生，一切政府的压迫，社会的攻击笑骂，就是断头流血，都不推辞。"通过对守旧派的回击，陈独秀所领导的新文化运动日益在青年学子中焕发出勃勃生机。

第四节　五四运动总司令

一、两个和会都无用

1914年爆发的第一次世界大战，既改变了世界，也影响了中国。在第一次世界大战进行的1917年11月7日，俄国社会主义革命爆发；1918年11月，第一次世界大战以协约国战胜同盟国而告结束。在第一次世界大战时，日本趁西方国家无暇东顾，加紧了对中国的侵略。1914年秋，日本借口对德宣战派兵占领中国山东，取代德国在山东的侵略地位。接着，又以支持袁世凯做皇帝为条件，提出了灭亡中国的"二十一条"。1915

年5月7日，袁世凯签字接受了"二十一条"，这一天被国人定为"国耻日"，国人的反帝情绪日益高涨。

袁世凯死后，皖系军阀段祺瑞把持北京政府，继续对外投靠帝国主义，并以参战之名向日本借款。十月革命以后又与日本签订《中日共同防敌军事协定》，依靠日本势力编练军队，扩充地盘，企图以武力统一中国。1919年初，一战的胜利国在巴黎召开和平会议。中国政府代表提出了关于废除帝国主义国家在中国的一切特权，取消"二十一条"，收回日本在大战时夺取的德国在山东的特权等合理要求。然而，这些正义要求竟被美英等国操纵的会议无理拒绝。

1919年4月29日，经过三个多月的商议，巴黎和会竟决定将战前德国在山东非法取得的所有权益转让于日本。当消息传来的时候，全国上下一片愕然，全国人民尤其是知识分子和青年学生义愤填膺，热血沸腾。

出于对巴黎和会的愤恨，陈独秀接连写了《为山东问题敬告各方面》、《山东问题与上海商会》、《山东问题与国民觉悟——对外对内两种彻底的觉悟》等三篇文章，连篇累牍地谴责帝国主义。他在《山东问题与国民觉悟——对外对内两种彻底的觉悟》一文中分析了山东问题失败的原因，指出："山东问题，我们原来希望在欧洲和会要求由德国直接交还青岛、胶州湾和胶济路；现在所以要失败的缘故，一是受了英、法、意、日四国用强权拥护那伦敦密约的束缚，二是受了我们政府和日本所订的二十一条密约及胶济换文济顺、高徐合同的束缚。"并认为国民从山东问题上应该得出两种彻底的觉悟：一是不能单纯依赖公理的觉悟；二是不能让少数人垄断政权的觉悟。认为"一个人一民族若没有自卫的强力，单只望公理昌明，仰仗人家饶恕和帮助的恩惠才能生存，这是何等卑弱无耻不能自立的奴才！"并发出了"强力拥护公理。平民征服政府"的倡议。

在1919年5月4日这一天，陈独秀在《每周评论》上发表了《公共管理》和《两个和会都无用》等文章，进行政治鼓动。他指出了国内外反动势力的本质，认为"上海的和会，两方都重在党派的权利，什么裁兵废督，不过说说好听，做做面子，实际上他们哪里办得了。巴黎的和会，各国都重在本国的权利，什么公理，什么永久和平，什么威尔逊总统十四条宣言，都成了一文不值的空话。那法、意、日三个军国主义的国家，因为不称他们侵略土地的野心，动辄还要大发脾气，退出和会。我看这两个分赃会议与世界永久和平，人类真正幸福，隔得不止十万八千里，非全世界的人民都站起来直接解决不可。若是靠着分赃会议里那几个政治家、外交家在那里关门弄鬼，定然没有好结果。"

陈独秀的文章深刻揭露了中外反动势力联合统治中国人民的本质，他所提出的"直接解决"和"平民征服政府"的主张，在当时极具号召力，推动了学生运动的发展。

1919年5月4日，北京十几所学校的学生3000余人，冲破反动军警的阻挠，到天安门集会，并在旗帜上大书"还我青岛"、"拒绝在巴黎和会上签字"、"废除二十一条"等口号，要求惩办曹汝霖、陆宗舆、章宗祥三个卖国贼。最后，愤怒的学生放火烧了赵家楼曹汝霖住宅，痛打了章宗祥。

北京学生的爱国运动，得到了全国人民和社会各界的支持和关注，爱国运动迅速由北京波及到全国多个省的大小城市。继北京罢课后，天津、济南、长沙、上海、武汉、南京、苏州、杭州、开封、安庆等城市也举行了罢课示威活动。从6月5日起，上海举行了罢工、罢课、罢市的三罢斗争，中国工人阶级开始以独立姿态登上政治舞台，成为反帝爱国运动的主力军。运动也迅速扩展到全国22个省的150多个城市，运动的中心也由北京移到上海，五四运动发展成为由广大的无产阶级、小资产阶级、民族资产阶级和其他爱国人士参加的全国范围的革命运动。

这场声势浩大的反帝爱国运动取得了巨大胜利，北京政府最终罢免了三个卖国贼的职务，总统徐世昌、总理钱能训也提交了辞呈。最为重要的是，中国代表被迫拒绝在和约上签字。

二、第二次被捕入狱

在这场伟大的反帝爱国运动中，陈独秀依托于1918年12月创办的《每周评论》从5月11日第21号起，一连五期都用全部或大部分篇幅来详细报道和评论五四运动的最新情况，其中第21、22、23号为山东问题特号，详细报道了学生示威游行的实况，深刻揭露了军阀政府镇压学生运动的残暴罪行，并及时总结运动中出现的情况，推动了学生运动的深入发展。

6月8日，陈独秀在《每周评论》上发表了《研究室与监狱》，指出："世界文明发源地有二：一是科学研究室，一是监狱。我们青年要立志出了研究室就入监狱,出了监狱就入研究室,这才是人生最高尚优美的生活。从这两处发生的文明,才是真文明,才是有生命有价值的文明。"这篇富有哲理的檄文,在当时成了青年的座右铭,鼓舞着青年斗士们在与反动政府斗争中要有不怕坐牢杀头的大无畏气概,充分展示出陈独秀推崇科学与文明、献身于人类的广阔胸怀。

然而,陈独秀并非只发言论,他以自己的实际行动,践行了自己的誓言。为了统一北京各界的爱国斗争目标,联合一致行动,陈独秀于6月9日亲自起草了《北京市民宣言》。宣言全文如下:

中国民族乃酷爱和平之民族。今虽备受内外不可忍受之压迫,仍本斯旨,对于政府提出最后最低之要求如下:

(1)对日外交,不抛弃山东省经济上之权利,并取消民国四年、七年两次密约。

(2)免除徐树铮、曹汝霖、陆宗舆、章宗祥、段芝贵、王怀庆六人官职,并驱逐出京。

(3)取消步军统领及警备司令两机关。

(4)北京保安队改由市民组织。

（5）市民须有绝对集会言论自由权。我市民仍希望和平方法达此目的。

倘政府不顾和平，不完全听从市民之希望，我等学生、商人、劳工、军人等，惟有直接行动，以图根本之改造。特此宣言，敬求内外人士谅解斯旨。（各处接到此宣言，希即复印传布。）

《北京市民宣言》要求取消对日两次密约和罢免六个卖国贼、刽子手的官职，反映了当时社会各界的共同呼声，击中了军阀政府要员徐树铮、段芝贵、王怀庆等卖国贼的要害，指明了人民斗争的方向。

陈独秀拟完《北京市民宣言》，便和高一涵去了一个印刷所印刷。6月10日，陈独秀拿着刚刚印刷出来的《北京市民宣言》到中央公园等地去散发。反动军警根据中央公园的线索，撒开了一张抓捕陈独秀的大网。6月11日午饭后，陈独秀穿了一套白色西装，戴上礼帽，随身带了一筒传单出门，直奔新世界游艺场而去。新世界游艺场效仿的是上海大世界游艺场的式样，有四层楼，在三、四层楼上还在夏季辟有屋顶花园，以供人纳凉小聚。新世界是北京外右五区警察署侦察重点地区，每天都有数名侦缉人员、巡官、巡警在这里活动。然而陈独秀并不知道自己已是网中之鱼，正和高一涵两人在新世界的屋顶上向下撒传单，被警署暗探抓个正着。

三、各方营救

陈独秀被捕后，李大钊等人紧急磋商营救办法，决定首先将陈独秀被捕的消息散播出去，在社会上造成强大的舆论，使北洋政府有所顾忌，不敢妄动。6月13日，北京《晨报》、《北京日报》率先发布了陈独秀被捕的消息。紧接着，上海的《民国日报》全文刊出《北京市民宣言》，并发表了《北京军警逮捕陈独秀黑暗势力之猖獗》时评。消息发布后，社会舆论哗然，各报竞相报道此一事件，各省各界也函电交驰，一致谴责军阀政府的腐败统治，高度评价陈独秀在新文化运动中作出的重大贡献，要求立即将其释放出狱。由于社会各界的积极营救，北洋政府不敢轻举妄动。强大的社会舆论压力，更迫使军阀政府释放陈独秀。

9月上旬，急欲与西南和解的徐世昌政府派出和谈代表许世英到上海。针对沸沸扬扬的陈独秀案，孙中山对北洋政府拘捕陈独秀，引起社会普遍不满一事表达了意见。孙中山发话后，9月16日下午4时，警察厅同意安徽同乡会以陈独秀胃病为由，保释其出狱。出狱前，警方当着保人的面，特意提醒陈独秀行动仍然得受限制，如果有什么重大行动必须得到政府批准。当天，北大同学会召开欢迎会，欢迎陈独秀出狱。

陈独秀出狱后，各地各界热烈欢迎，北京、上海等地的报刊纷纷发表陈独秀出狱的消息，北京大学和进步团体也通过各种形式举行欢迎庆祝活动。李大钊更是在《新青年》第6卷第6号发表了《欢迎独秀出狱》的白话诗：

你今出狱了，

我们很欢喜！

他们的强权和威力

终究战不胜真理。

什么监狱什么死，

都不能屈服了你；

因为你拥护真理，

所以真理拥护你。

你今出狱了，

我们很欢喜!

相别才有几十日

这里有了许多更易:

从前我们的"只眼"忽然丧失,

我们的报便缺了光明,减了价值;

如今"只眼"的光明复启,

却不见了你和我们手创的报纸!

可是你不必感慨,不必叹息,

我们现在有了很多的化身,同时奋起:

好像花草的种子,

被风吹散在遍地。

你今出狱了,

我们很欢喜!

有许多的好青年,

已经实行了你那句言语:

"出了研究室便入监狱,

出了监狱便入研究室"。

他们都入了监狱，

监狱便成了研究室；

你便久住在监狱里，

也不须愁着孤寂没有伴侣。

然而，徐树铮之流并不会真正放过陈独秀，他的行动仍受限制与监视。便衣暗探，每天都在陈宅的周围出没，巡警每天也要来察看一下，并要陈独秀填写那"受豫戒令者月记表"。

陈独秀在98天的铁窗生活中，冷静地分析和研究了中国社会的现实与未来，开启了新的革命方向。

第五节　新文化运动的转向

一、倾向十月革命

俄国十月革命后，建立了世界上第一个无产阶级专政的社会主义国家，改变了整个世界历史的方向，开辟了人类历史上的无产阶级革命新时代。在十月革命的影响下，全世界都出现了无产阶级革命的高潮，在许多西方和东方的国家里，无产阶级反对本国资产阶级统治和殖民地半殖民地人民反对帝国主义压迫的革命运动此起彼伏。

在中国最先报道俄国十月革命的是上海《民国日报》。1917年11月10日，即俄国十月革命爆发后的第三天，《国民日报》便以《突如其来之俄国大改变》为题，报道了十月革命。从此，中国人民开始知道了十月革命这一人类历史上第一次无产阶级社会主义革命，并从中找到了新的希望。中国先进知识分子热血沸腾，纷纷起来学习、宣传和研究十月革命和马克思主义，并成长为具有初步共产主义思想的知识分子。

在新文化运动的阵营中，最先举起马克思主义旗帜的是李大钊，他于1918年7月至11月期间相继发表了《法俄革命之比较观》、《庶民的胜利》和《Bolshevism的胜利》。李大钊阐述了十月革命与法国资产阶级革命的区别；满腔热忱地讴歌社会主义革命，认为十月革命是20世纪世界革命的先声，是世界全体人类的新曙光；坚信将来的环球，必是赤旗的世界。虽然李大钊在这三篇文章中还没有对马克思主义学说内容进行系统的介绍，但是，当人们对资产阶级民主顶礼膜拜、幻想经过巴黎和会实现人类平等主义的时候，李大钊对社会主义革命的欢呼声真可谓空谷足音，惊世骇俗。

此时，陈独秀对十月革命没有李大钊那样敏感，虽然他对俄国资产阶级的二月革命抱有很大的兴趣，但是十月革命爆发以后，由于资产阶级反革命叛乱和布列斯特和约的签订，曾使陈独秀迷惑不解。他站在民主主义立场上，对于克伦斯基政府为何要被推翻百思不得其解，更不理解俄国为何要退出帝国主义的战争。因此，陈独秀在相当长一段时期内保留了对俄国十月革命的态度。

然而，十月革命后东西方国家爆发的革命运动，推动着陈独秀思想的转变，他从怀疑、不解转向了同情和赞颂十月革命。俄国十月革命以后，1918年1月，芬兰发生了工人总罢工，成立了人民代表苏维埃；11月德国发生了工人水兵起义，推翻了德国皇帝的统治，成立了苏维埃政府；同年，奥地利工人代表苏维埃成立；接着匈牙利、捷克、罗马尼亚、意大利等国都爆发了无产阶级革命。此时，陈独秀看到被北洋政府遏止的"过激派"运动代表了历史前进的潮流。所以，1919年2月9日，陈独秀在《每周评论》第8号上发表《公理何在》，为十月革命所代表的过激派辩护:"过激派的行为,纵或有不是的地方,但是协约国把他们破坏俄、德两大专制的功劳,一笔抹杀,又试问公理何在?德皇未败以前,反对战争始终不屈的,只有李普克尼希一派,附和德皇的人,如今却逼迫李普克尼希,而且加害他的生命,又试问公理何在?"表现出了他对欧洲马克思主义者的同情。1919年3月,陈独秀发表《朝鲜独立运动之感想》一文,称赞"这回朝鲜的独立运动,伟大,诚恳,悲壮,有明了正确的观念,用民意不用武力,开世界革命史的新纪元。我们对之有赞美,哀伤,兴奋,希望,惭愧种种感想。"到"五四"前夕的4月20日,陈独秀对20世纪俄罗斯革命发表短评,指出:"18世纪法兰西的政治革命,20世纪俄罗斯的社会革命,当时的人都对着他们极口痛骂,但是后来的历史家,都要把他们当作人类社会变动和进步的大关键。"虽然陈独秀此时还没有能够对法、俄革命的不同性质加以区别,但却已认识到十月革命的重大历史意义。正是在十月革命所引起的世界革命风潮的推动下,经过巴黎和会失败的惨痛教训,陈独秀在犹豫、观望之后,逐渐明确了拥护十月革命的态度,从而将目光从法兰西转向了苏维埃俄国,这是他接受马克思主义的前提。

二、接受马克思主义

随着陈独秀对十月革命态度的改变，加上李大钊的极力提倡，《每周评论》以较大的热情和篇幅来宣传马克思主义。从1919年2月以后，《每周评论》以大量篇幅介绍了西方国家无产阶级革命和东方民族解放运动。这些报道，进一步扩大了十月革命的影响，使中国人民特别是革命的知识分子了解了世界革命的动向。

受俄国十月革命和世界革命高潮的影响，陈独秀也开始关注劳苦人民的生活，分析造成贫富悬殊的原因，并从中懂得了一些阶级斗争的道理。他认为，欧美各国贫富悬殊的原因，是因为有钱的人开设工厂，雇佣许多穷人替他做工，得到的钱财，大部分进了资本家的腰包。资本家把一部分发给工人，叫做工价。工厂越大越多，那少数开工厂的资本家越富，那无数做工的穷人仍旧很穷。所以穷苦的工人时常和开工厂的资本家作对，于是渐渐形成了无产阶级对于有产阶级的社会革命，这就是现在各国重大而紧急的问题。

1919年6月11日，在陈独秀被捕入狱之后。三个月的铁窗生活极大地促进了陈独秀向马克思主义者转变。陈独秀曾公开为无产者辩护，以改变知识分子轻视劳动人民的思想，他认为，自命为智识阶级的士大夫，不要太高兴，不能以为无产劳动阶级永远可以欺负，更不能永远把他们踏在靴底下不当作人看待。此时陈独秀的思想和立场，已经向劳动人民转移，这是他接受马克思主义的必要条件。

陈独秀初期对俄国十月社会主义革命的温和态度，一定程度上影响了《新青年》对马克思主义的宣传。但随着他对十月革命态度的改变，该刊也注意介绍马克思主义学说。从第6卷第1号起，《新青年》成立编辑委员会，实行轮流编辑的办法，李大钊乃将他担任编辑的第6卷第5号办成了马克思主义研究专号，并发表了《我的马克思主义观》，对马克思主义的三个组成部分唯物史观、政治经济学和科学社会主义作了简要的介绍，并指出这三个部分都有不可分割的关系，"而阶级斗争恰如一条金线，把这三大原理从根本上联络起来"。继这期专号之后，《新青年》不断发表介绍马克思列宁主义学说、社会主义革命和中国工人状况的文章，使其逐步成为一个倾向和宣传马克思主义的舆论阵地。

第五章　创建共产党

第一节　历史的抉择

一、新文化运动阵营分裂

随着马克思主义的传播，新文化运动的营垒也发生了分化。由陈独秀、李大钊、胡适、鲁迅等人倡导的新文化运动，直到五四运动，大体上由三部分人参加，即具有初步共产主义思想的知识分子、小资产阶级知识分子和资产阶级知识分子。他们在科学、民主的旗帜下，互相补充、互相促进，形成了思想文化上的统一战线，"五四"以后统一战线发生了分化。这种分化反映着两种截然不同的立场和态度，即资产阶级的改良主义路线和坚持彻底的反帝反封建的革命路线。两者斗争的焦点就是是否接受科学社会主义,就是是否坚持社会主义方向。

陈独秀被捕后,由胡适接办《每周评论》,他改变了"二十年不谈政治"的初衷,改变了《每周评论》原有的政治方向和版式,亦把第26、27号编成《杜威讲演录》专号,散布实验主义。实验主义,实际上是实用主义,是19纪末20世纪初在美国发展起来的一种资产阶级哲学流派。"五四"时期,由胡适介绍到中国来,译为实验主义。其主要特征是:片面强调主观意识的能动作用,否认真理的客观标准和社会发展的客观规律;反对社会革命,主张一点一滴地进化和改良。"五四"前夕,实验主义的主要代表人物杜威,经胡适邀请来到中国。杜威到北京后,作了《社会哲学与政治哲学》等五次长篇演说,全面系统地介绍和宣扬了实验主义。

二、面对问题与主义的争论

1919年7月20日,胡适又在第31号上发表《多研究些问题,少谈些主义》的文章,提出谈主义的所谓三个教训:第一,攻击"空谈好听的'主义',是极容易的事,是阿猫阿狗都能做的事,是鹦鹉和留声机器都能做的事";第二,声称

"一切主义都是某时某地的有心人对于那时那地的社会需要的救济方法",否认马克思主义对中国的适用性;第三,主张一点一滴地改良,诬蔑主张"根本解决"是"中国思想界破产的铁证","是中国社会改良的死刑宣告"。

胡适反对谈"主义"的目的,就是反对"根本解决"。在该文的结尾,胡适说得更明白:"'主义'的大危险,就是能使人心满意足,自以为寻着包医百病的'根本解决',从此用不着费心力去研究这个那个具体问题的解决法了。"

胡适反对的"主义",从他当时总的政治倾向和该文的锋芒所指,是在提倡"研究问题"的幌子下,反对社会革命,反对马克思主义。但也不仅如此,在该文中,胡适也反对"高谈民生主义"和"高谈无政府主义"。因此,胡适的论调立即遭到批驳。

针对胡适的挑战,李大钊利用回老家避难时间,写了反驳胡适的文章《再论问题主义》,并发表于1919年8月17日出版的《每周评论》上,系统批驳了胡适的论调。李大钊认为,问题与主义有不能十分分离的关系,宣传主义与研究问题,是交相为用、并行不悖的。研究问题必须有主义作指导,而"现代的社会主义,包含着许多把他的精神变作实际的形式使合于现在需要的企图","主义的本性,原有适应实际的可能性"。他强调:"一个社会主义者,为使他的主义在世界上发生一些影响,必须要研究怎么可以把他的理想尽量应用于环绕着他的实境。"而"我们只要把这个那个的主义,拿来作工具,用以为实际的运动,他会因时、因所、因事的性质情形生一种适应环境的变化"。李大钊公开声明,"我是喜欢谈谈布尔扎维主义的"。他还驳斥了胡适的改良主义,认为一点一滴地改良是不适合中国实际的,社会问题"必须有一个根本解决,才有把一个一个的具体问题都解决了的希望"。

陈独秀由于身陷囹圄,无法及时参加到这场论争中去。出狱以后,到底是支持李大钊还是支持胡适,对于《新青年》的走向是至关重要的。由于《每周评论》已被军阀政府勒令停刊,《新青年》如何适应形势发展的需要,发挥新文化运动前期的巨大号召力,确实需要陈独秀作出抉择。1919年10月5日,《新青年》编辑部在胡适寓所召开会议,决定编辑权问题。胡适反对轮流担任编辑的办法,曾在会前对沈尹默等人说,《新青年》应由他一人来编,但遭到鲁迅等人的反对。会议经讨论决定，《新青年》自第7卷第1号起，由陈独秀一人来编。这一决定，保证了《新青年》宣传马克思主义的大方向。

总体来说，陈独秀虽没有直接参加主义与问题的论战，但他的态度是肯定主义的，是站在李大钊这一方面的。1920年12月，陈独秀发表了《主义与努力》的随感录，科学地论证了主义与努力的关系："主义制度好比行船底方向，行船不定方向，若一味盲目的努力，向前碰在礁石上，向后退回原路去都是不可知的。我敢说，改造社会和行船一样，定方向与努力二者缺一不可。"

第二节　成为马克思主义者

一、南下演讲

五四运动，促成了国民的觉悟。但在陈独秀看来，国人觉悟的程度还不一致，还没有达到由外交而及内政、由内政而至社会组织的程度，因此，使更多的人觉悟起来，或提高国民的觉悟程度，就成为陈独秀极为关注的一个重点。为了促进和提高国民的觉悟，陈独秀借南行之机，在武汉、上海等地进行了公开的演讲。

陈独秀的南下之行，源自西南大学筹办一事。1919年12月，广东军政府政务会议通过陈炯明的提议，拨款100万元创办西南大学，由章士钊、汪精卫负责筹办事宜。章士钊又力邀陈独秀及蔡元培参加筹备事宜。陈独秀此时虽被保释出狱，但每月都要填写《受豫戒令者月记表》，行动受到限制。因此，只好秘密行事。1920年1月29日，陈独秀时值农历腊月，寒风刺骨，陈独秀头戴毡帽，身着长袍，巧妙地避过便衣暗探，应邀抵沪，与章士钊、汪精卫一样，任西南大学筹办员。到达上海甫定后，陈独秀受胡适推荐，参加武昌文华大学毕业典礼。2月4日下午抵汉口，住文华书院。

陈独秀到武汉后，引起广泛的轰动，各机关团体纷纷邀其演讲。2月5日，武汉学联文华学生协进会邀其在文华学校演讲，陈独秀发表了《社会改造的方法与信仰》的演讲，提出了改造社会的三种方法：（一）打破阶级的制度，实行平民社会主义，人人不要有虚荣心；（二）打破继承的制度，实行劳动共同工作，不使无产业的苦，有产业的安享；（三）打破遗产制度，不使田地归私人传留享有，应归为社会的公产，不种田地的人，不应该享有这田地的权利。关于信仰，他提出两点内容：平等的信仰；劳动的信仰。指出人人应该受教育，应该常劳动，心理上总有平等的劳动与劳动的革命。在这篇演讲中，陈独秀蕴含着消灭私有制的思想，并把劳动的信仰与平等的信仰同等看待，说明他在向马克思主义的转变过程中迈出了坚定的一步。

陈独秀演讲安排得很满，两天安排了四场演讲。陈独秀在武汉的演讲，特别是《社会改造的方法与信仰》一文，深受学生和社会各界的欢迎，但同时也使湖北的军阀政府大为恐慌，陈独秀也"深愤湖北当局压迫言论自由"，于是于2月7日晚离开武汉。

这次南下之行是秘密行动，北京政府事前并不知晓，因此，当武汉《国民新报》、《汉口新闻报》等报刊报道陈独秀在武汉地区活动和演说的消息后，北京政府大为震惊和恼怒，决定在陈独秀回京时将其拘捕。

李大钊、高一涵等人在紧急关头决定在陈独秀到北京西站时，即派人把他接下车，并把他暂时安置在北大理科教授王星拱家，然后再想办法送他出京。因为李大钊是北方人，衣着朴素像个生意人，因此由李大钊亲自护送陈独秀离京。王星拱给陈独秀戴上一项毡帽，穿上王家厨师穿的一件油渍斑斑的背心，装成病人。李大钊装成生意人，携带几本账本及店家用的红底片子，两人雇了一辆骡车，连夜出了朝阳门，直奔天津。2月19日，农历除夕，陈独秀抵达上海。

二、宣传马克思主义

在上海期间，陈独秀利用一切机会和场合，进行演讲，宣传马克思主义。2月27日，陈独秀参加全国各界联合会召开的上海工读互助团筹备会。工读互助团是王光祈等人于1919年底发起成立的，主张人人做工，人人读书，各尽所能，各取所需，实际是空想社会主义的产物。陈独秀支持工读互助团的倡议，并与李大钊、蔡元培、胡适、王光祈等16人为募款发起人。陈独秀、王光祈、毛泽东等人也发起组织上海工读互助团，并向各界募集筹备费1000元。但工读互助团"这种新的社会制度是一开始就注定要成为空想的，它愈是制定得详尽周密，就愈是要陷入纯粹的幻想"。工读互助团成立不久便迅速失败。它的失败，宣告了空想社会主义的破产。工读互助团的失败，促成了陈独秀对空想社会主义幻想的破灭和向马克思主义的转变。

大约从1920年夏天开始，陈独秀即明显地成为马克思主义的拥护者和宣传者，完成了向马克思主义的转变。究其原因，一是因为苏俄第一次对华宣言的发表，使陈独秀真正了解了苏俄对中国的真正态度，因而旗帜鲜明地支持和维护俄国的社会主义革命。在1920年初，苏联红军打通中俄边界和封锁线，有关苏维埃革命的情况又开始不断地传入中国。3月，中国报刊公开发表了1919年7月25日苏维埃政府发布的第一次对华宣言；4月，共产国际代表来华与中国革命组织建立联系，介绍十月革命和列宁主义，不久又传来苏俄第二次对华宣言。苏维埃俄国的国际主义精神和支援中国民族解放的诚挚友谊，激发了中国先进分子研究苏俄、学习马克思主义的热情。

在这种情况下，陈独秀又逐渐摆脱资产阶级唯心主义的影响。1920年3月，他宣称"俄国式的方法是唯一的道路"，并发表了《马尔萨斯人口论与中国人口问题》，用马克思主义的观点批判马尔萨斯的人口论。论证了人口过剩现象的产生源于资本主义私有制的不合理及科学不发达等原因，是资本主义生产方式造成的。他认为"个人比较的贫底现象，不一定是因为人口超过了生活资料，大部分是因为私有财产分配不均，一阶级人底占据有余造成一阶级人底不足。这种过剩的生产物，乃是资本私有制度之下，分配不均劳动者无力购买的结果，不是实际的过剩"。这种非实际的过剩，"一方面可以证明社会上贫困的现象，不是因为生产物不足，乃是因为分配不均；一方面可以证明马尔萨斯食物增加和人口增加不能保持平均速度的理论，确有不验的地方，不验的时代"。造成贫穷的原因还有科学不发达、生产技术不精、劳动数量不充分、交通不便等原因。而"马尔萨斯说明贫底性质只注重食物一样，已经不大周到了，他说明贫底原因只注重人口过剩这一层，把分配不均、科学不发达、生产技术不精、劳动底数量不充分、交通不便这五种贫底重大原因都忽略了"，显然是错误的。陈独秀认为，即便限制人口增长，也没有理由专门要限制下层贫民，"上流富裕阶级就有孳生的权利，他们的这种权利是从哪里来的？"马尔萨斯限制人口增长，实际上否决了"穷人有吃饭的权利"，只许富人有这种权利，因而是"掩护资产阶级底偏见"。这就一针见血地指出了马尔萨斯人口论的反动实质。

三、成为马克思主义者

陈独秀在1920年四五月间积极筹备，将5月1日出版的《新青年》第7卷第6号编辑成了《劳动节纪念号》。《劳动节纪念号》刊载了李大钊的《五一运动史》、陈独秀的《劳动者的觉悟》和《上海厚生纱厂湖南女工问题》，还刊登了《俄罗斯苏维埃联邦共和国劳动法典》以及苏俄第一次对华宣言、关于国内劳动状况的调查报告等。陈独秀编辑、出版《劳动节纪念号》，是共产主义知识分子与工人运动相结合的开始，成为其思想转变的一个重要标志。在这之前，《新青年》总是以宣传欧美民主思想为重点，但是到了陈独秀开始倾向社会主义以后，其重点就由宣传美国民主思想转变为宣传马克思主义思想，宣传社会主义了。但是，在一开始宣传俄国革命的时候，这些思想也经常是和实验主义等西方民主思想混合到一起的。一直到1921年出版了五一劳动节特刊，才开始真正全方位地介绍和宣传马克思主义。

陈独秀在编辑《劳动节纪念号》的同时，还积极地参加工会庆祝五一节的筹备工作。4月2日,他出席上海船务栈房工界联合会成立大会,演说《劳动者的觉悟》。5月16日,陈独秀出席中华工业协会各业代表与各部干事联席会议,被推举为教育主任,即席演讲上海工界现状,强调注重工人义务教育,并自愿担任义务教授。18日,中华工业协会、中华工会总会、电器工界联合会、中华全国工界协进会、中华工界志成会、船务栈房工界联合会和药业友谊联合会等七个团体召开联席会议,筹备五一节。陈独秀在会上首先提出将纪念会的名称定为"世界劳动节纪念大会",并对于劳工要旨进行了演说。在演说中,陈独秀提出要注重各业分会的组织,并且需要紧急谋划工人本身的利益,比如减少工作时间,增加工资,等等。最后,大会推举陈独秀等人为筹备世界劳动节大会顾问。筹备会议最后决定于5月1日下午在西门体育场举行庆祝大会,休工一天。五一节庆祝大会那天,最初有5000工人前来参加。但是,为了阻止工人们的聚会,军警霸占了体育场,庆祝大会被迫四次改换开会地点,最后终于在靶子场后面的荒地上举行大会,明确地提出了"三八制"的要求。

在《新青年》第8卷第1号上,陈独秀又发表了《谈政治》一文，这是陈独秀思想史上前所未有的、正确宣传马克思主义的、在当时条件下高水准的文章。这篇文章通过批判无政府主义、资产阶级改良主义和第二国际修正主义而捍卫了马列主义。在文中，陈独秀抛弃了资产阶级国家观，接受了马克思主义的国家观。他认为"世界各国里面最不平、最痛苦的事，不是别的，就是少数游惰的消费的资产阶级，利用国家、政治、法律等机关，把多数极苦的生产的劳动阶级压在资本势力底下，当作牛马机器还不如。要扫除这种不平这种痛苦，只有被压迫的生产的劳动阶级自己造成新的强力，自己站在国家地位，利用政治、法律等机关，把那压迫的资产阶级完全征服，然后才可望将财产私有、工银劳动等制度废去，将过于不平等的经济状况除去"。除此以外，《谈政治》一文还接受了无产阶级暴力革命的观点。以马克思主义的阶级斗争和暴力革命的理论批判无政府主义，指出"若是不主张用强力，不主张阶级战争，天天不要国家、政治、法律，天天空想自由组织的社会出现；那班资产阶级仍旧天天站在国家地位，天天利用政治、法律，如此梦想自由，便再过一万年，那被压迫的劳动阶级也没有翻身的机会"。他认为正义的强力"可以有一种排除黑暗障碍的效用"。他公开宣布:"我承认用革命的手段建设劳动阶级(即生产阶级)的国家,创造那禁止对内外一切掠夺的政治法律,为现代社会第一需要。"这就表明陈独秀开始抛弃资产阶级民主制转向无产阶级革命和无产阶级专政。在当时条件下,承认无产阶级专政,是一个马克思主义者的重要标志。

从1920年陈独秀发表的一系列文章来看,他已初步接受了唯物史观、剩余价值论、无产阶级革命和无产阶级专政等马克思主义的基本观点和基本原理,标志着从一个民主主义者转变为一个共产主义者。从此以后,陈独秀开始旗帜鲜明地宣传社会主义,否定资本主义。

第三节　建立党的早期组织

一、与共产国际建立联系

早在1920年2月初李大钊护送陈独秀离开北京之际,二人就相约要分头在南北筹划建党事宜。2月中旬,陈独秀乘坐外国船到达上海,住进了以前柏文蔚的住宅,上海法租界环龙路渔阳里2号。高高的门楣上方，用砖砌了一个"A"字形的门檐。

突然有一天，一位俄国客人的到来改变了陈独秀的人生之路。此人正是第三国际远东局的维经斯基（吴廷康），他是由李大钊介绍来的，同行的还有夫人库茨涅佐娃及担任翻译的俄籍华人杨明斋。在陈独秀关押在监狱时，维连斯基（维连斯基-西比里亚科夫）给共产国际提交了一份报告，提出了在东亚各国人民中开展共产主义工作的提纲。

1920年4月，维经斯基一行到达北京。通过北京大学俄籍教授柏烈伟等人的介绍，维经斯基结识了李大钊，并举行了几次座谈会。此时恰巧苏俄政府第一次对中国的宣言（即废除帝俄政府与中国所订的不平等条约）刚刚传到了中国，中国很多社会团体都对俄国来的代表表示热烈的欢迎，所以一听苏联人来到了北京，大家都异常兴奋。维经斯基在几次座谈会上，详细介绍了苏联十月革命以后的实际情况及其对外政策。与此同时，他也对帝国主义和中国军阀相互勾结的情况看得很清楚，还很关心五四运动。并且非常熟悉五四运动、辛亥革命以前中国的历史。李大钊通过与维经斯基的接触和了解，坚定了建立一个"像苏联共产党那样的组织"的决心,并于当月与高君宇、邓中夏等人在北京大学发起组织马克思学说研究会。维经斯基提出要李大钊领导组织中国共产党。而李大钊认为在思想界,陈独秀要比自己的号召力更强,所以介绍维经斯基与陈独秀联系。

维经斯基等人很快到达上海,首先与陈独秀见面,并由陈独秀介绍接触了无政府主义、工团主义、社会主义、基尔特主义等各式各样的人物,如李汉俊、沈玄庐、邵力子、施存统、俞秀松、陈公培、陈望道、李达、袁振英、沈雁冰、周佛海、刘大白、沈仲九、蔚克冰、丁宝林、戴季陶、张东荪等人。通过交谈,维经斯基感到中国新思想十分活跃,但思想不统一。而且,这些学者主要停留在讲演、写文章上面,没有组织和实际行动。在这个过程中陈独秀给维经斯基留下了深刻的印象。他写信向共产国际和俄国共产党介绍了陈独秀,称他是"当地的一位享有很高声望和有很大影响的教授"。

由于上海是中国最大的工业中心,产业工人最为集中、力量最大。在五四运动中,上海工人的罢工,又展示出了前所未有的力量,因而上海具备了建立中国共产党的雄厚的阶级基础。而在当时，上海已经聚集了以陈独秀为首的一批马克思主义的宣传者，马克思主义已在上海广为传播，因此，上海又具备了建立中国共产党的思想基础和干部条件。因此，中国共产党第一个组织——上海共产主义小组的建立便成为必然。

二、成立党的早期组织

1920年5月间，上海马克思主义研究会成立。成员有陈独秀、沈雁冰、李达、李汉俊、陈望道、邵力子等。马克思主义研究会探讨社会主义学说和中国社会问题，是上海共产主义小组的前身，为上海党组织的建立作了有益的尝试。

马克思主义研究会成立后，陈独秀马上加快建党步伐，并就一些细节问题进行准备。关于党的名称，是叫社会党，还是叫共产党，陈独秀自己不能决定，就写信给张申府，并要他征求李大钊的意见。最后，大家一致同意党的名称叫"中国共产党"。

7月14日—18日，四天的直皖战争速战速决，曹锟和张作霖的直奉联军战胜了段祺瑞的皖军，段祺瑞被迫下野。直皖战争结束的第二天，维经斯基、陈独秀等人在上海举行了酝酿中国共产党成立的第一次各革命团体的联合会议。随后，在上海又召开了远东社会主义者会议，陈独秀等人积极参加了会议的筹备和组织工作。发起组会议是在上海环龙路渔阳里2号《新青年》编辑部举行的。会议明确提出了在中国、日本、朝鲜等国扩大共产主义宣传，组建共产党的任务；并商定由共产国际为此提供必要的经费和相应的条件；并根据列宁领导的共产国际的宣言和决议的精神，一致主张成立中国共产党，推陈独秀担任书记，函约各地社会主义分子组织支部。1920年8月，陈独秀等人发起成立了上海共产主义小组。

7月19日的会议后，上海成立了革命局，由维经斯基和陈独秀、李汉俊等四位革命者组成。下设出版部、宣传报道部和组织部三个部。李汉俊负责出版部，随后，出版部刊印了陈望道翻译的《共产党宣言》、米宁的《共产党员是些什么人》等小册子。

三、推动各地党组织的建立

上海共产主义小组一建立，陈独秀即写信向李大钊介绍了有关情况，又通过张国焘、张申府由上海回北京之机，与李大钊相约尽快建立党组织。8月底，张国焘由上海回到北京，即将此意见转告李大钊，李大钊表示赞成。1920年10月，李大钊、张申府、张国焘发起成立北京共产主义小组，李大钊任书记。除此以外，在武汉、长沙、济南、广东以及海外共产主义小组也在陈独秀的指导和参与下相继成立。可以说，在中国共产党的创建过程中，上海共产主义小组起着发起者和联络中心的作用，上海的组织事实上成为了一个总部，而各地的组织是支部了。陈独秀不仅从理论上宣传了马克思主义，而且做了大量的筹建党的具体工作，是中国共产党的主要创始人之一。

各地共产主义小组的建立，标志着中国共产党的创建迈出了坚实而重要的一步，也标志着马克思列宁主义同中国工人运动的结合大大前进了一步。为建立统一的全国性的共产党组织，各地共产主义小组积极开展实际工作，宣传马克思主义，发展党员，促进马克思主义的传播及其同中国工人运动的进一步结合。

上海共产主义小组在陈独秀领导下，积极行动起来，为建立统一的全国性的中国共产党进行着精心的准备。

为了进一步传播马克思主义，从1920年第8卷第1号起，

《新青年》改组为上海共产主义小组的机关刊物,并从该号起开始开辟"俄罗斯研究"专栏,全面介绍十月革命后苏俄的政治、经济、军事、文化等情况。"俄罗斯研究"专栏的开辟,使人们系统地了解了苏俄十月社会主义革命的理论和实践,并以事实消除了人们对苏俄的误解。1920年11月7日,上海共产主义小组又出版了半公开的《共产党》月刊,由李达任主编。该刊是上海共产主义小组的重要理论阵地,除了重点介绍了党的建设的理论和共产主义的知识以外,还阐明了中国共产党人的基本主张及其与其他一切党派的区别,为中国革命指明了共产主义的发展方向。《共产党》月刊的出版,促进了建立全国统一的中国共产党的准备工作,使共产主义小组成员进一步了解了共产党的性质、特点和任务,提高了他们的共产主义觉悟,统一了思想。

为了提高工人们的觉悟,向工人宣传马克思主义,上海共产主义小组还创办了一批通俗易懂的工人刊物。1920年8月,创办了《劳动界》周刊,通过国外劳动界、国内劳动界等栏目,以生动活泼的形式,通俗易懂的语言,生动的事例,深入浅出地向工人揭露资本家压榨、剥削工人的罪恶,说明劳动创造世界、劳动创造价值和剩余价值、工人谋求解放必须进行社会革命等马克思主义基本原理。这是马克思主义与中国工人运动相结合的重要实践。

第四节　关于社会主义的论战

一、基尔特社会主义者的攻击

随着马克思主义在中国的广泛传播及其与工人运动相结合，社会主义思潮在中国获得了蓬勃发展。各地共产主义小组建立之后，社会主义思潮更是汹涌澎湃。然而，马克思主义进一步传播和上海共产主义小组的成立受到了基尔特社会主义者的挑战。

基尔特是欧洲中世纪"行会"的译音，是按行业联合起来的一种组织。基尔特社会主义是以采取行会的某些精神和办法为特征的一个资产阶级社会主义流派，宣扬社会改良，反对阶级斗争和无产阶级专政，主张用和平进化的办法废除私有制度，实现劳动的解放。上海共产主义小组成立不久，英国唯心主义哲学家、资产阶级政治理论家、基尔特社会主义者罗素来华，先后到江苏、北京、湖南等地作过多次讲演，他的学说也被译成中文出版。罗素来华后，主张中国不应实行社会主义，而是应该开发资源，从教育入手，发展实业，兴办教育。

罗素来华是当时中国思想界的一件大事。罗素在中国的信徒对罗素的言论进行大肆地附和、鼓噪。1920年11月6日，张东荪在《时事新报》上发表《由内地旅行而得之又一教训》一文，吹捧罗素对中国提出的主张。张东荪认为救中国只有一条路，就是增加富力。而增加富力就是开发实业，因为中国的唯一病症就是贫乏，中国真穷到极点了。中国人大多数都未经历过人的生活滋味。救中国如果"可以说有一个主义，就是使中国人从来未过过人的生活的都得过着人的生活，而不是欧美现成的什么社会主义，什么国家主义，什么无政府主义，什么多数派主义，等等"。由此可见，张东荪的矛头直指社会主义。这篇反社会主义的文章发表以后，立即遭到陈独秀、陈望道、李达、邵力子等人的反驳。《新青年》和《民国日报》连续发表批判文章，集中火力反击罗素和张东荪之流的谬论。为使更多的人加入这场辩论，陈独秀在1920年12月1日出版的《新青年》第8卷第4号上，辑录了张东荪、杨端六等人的言论，陈望道、邵力子等人的反驳文章,陈独秀与罗素、张东荪的书信,共13篇,并冠之以《关于社会主义的讨论》的总标题。由此,一场规模空前、意义深远的社会主义的讨论开始了。

二、你方唱罢我登场

争论开始以后,张东荪于12月15日在《改造》第3卷第4号上发表《现在与将来》一文,1921年2月15日,梁启超在《改造》第6号上发表《复张东荪书论社会主义运动》,这两篇长文是当时反社会主义言论的代表作。他们两人的基本观点都是主张发展资本主义。认为救中国只有一条路,即增加富力,开发实业,而开发实业方法最能速成者莫若于资本主义。他们认为世界上没有不经过资本主义而能达到社会主义的,中国由于经济落后,若想实现社会主义,不得不先实行资本主义。因此,中国缺少真正的劳动者,因此现在没有谈论社会主义的资格。通过以上论点,他们提倡劳资协作,反对社会主义,否认中国共产党成立的必要性。但是,在张东荪提倡资本主义、反对社会主义之时,却为自己的言论涂上了一层社会主义的油彩,即基尔特社会主义。他自称"倾心于同业公会的社会主义"、"对于基尔特社会主义则信之甚笃",认为开发实业只有协社这一种方式可行,即以资本主义之方法而贯彻社会主义之精神者。但又说要推迟实行社会主义,担心它实现得太早。至于应当怎样"以资本主义之方法而贯彻社会主义之精神"呢,张东荪给出的答案就是发展文化事业,资本家办学校,办保险事业,废除工头制,实行分红制,把每年红利分给工人,贮蓄于银行,如此等等。梁启超也认为提倡各种协社(组合)从事互助生产"此法最中正无弊",因此应当使资本家明白,不能全部夺取工人的剩余价值,而必须注意对于劳动者之生计之培养、体力之爱惜、知识之给予。其实质就是主张劳资协调主义。这些花言巧语道出了20年代中国资产阶级的心理矛盾状态:一方面热衷于走资本主义道路;另一方面又感到五四运动以后社会主义思潮在中国的传播是不可遏止的,因此打着社会主义的旗号,贩卖资本主义的货色。张东荪、梁启超的这些言论,对于宣传科学社会主义和开展实际革命运动,具有明显的危害性。他们这种似是而非的论调使一些欢迎社会主义的青年产生了思想上的迷惑。尤其是梁启超的文章,虽然明明是主张资本主义反对社会主义,但是立论缜密,凡是对社会主义无甚研究的人,看了这篇文字，很容易被其感动，望洋兴叹，裹足不前。因此，梁启超的文章被当时的共产主义者认定为"是最有力的论敌"。

针对以上的观点，中共上海发起组成员纷纷撰文同张、梁展开辩论。他们的文章大都发表在《新青年》和《共产党》杂志上，其中影响较大的有《新青年》第8卷第4号上《独秀复东荪先生的信》、第9卷第1号上李达写的《讨论社会主义并质梁任公》、第9卷第3号的陈独秀的《社会主义批评》等。

在这些文章中，马克思主义者们首先明确了中国社会主义主义而非资本主义的前途。他们从对资本主义经济制度的分析和对中国在国际中的地位的考察等方面，回答了关于中国不能走资本主义道路的问题。他们运用马克思主义政治经济学的理论，论证了资本主义制度所固有的基本矛盾是其自身无法克服的，最终只能在矛盾的激化中走向灭亡。陈独秀指出："一方面资本主义随着机器工业发达，机器工业复随着资本主义扩张，互为因果，一天一天地兴旺起来；一方面因为机器工业的生产品成本轻货色又好，他所到的地方，手工业之破坏好像秋风扫落叶一般；这时候的劳动者所得工资只能糊口，哪里还有钱买机器，无机器不能做工，不做工不能生活，所以世世子孙只有卖力给资本家做劳动者；资本家占有了机器土地及其他生产工具，所以世世子孙都是资本家；因此自近代资本主义发达以来，劳资两阶级日益分明，而且资本阶级的势力日见雄厚，劳动阶级日见压迫，除忍受安命以外几乎无路可走了。""正因为剩余价值替资本阶级造到这样强盛的地位，而资本阶级必然崩溃不可救的危机也正含在这剩余价值里面。"

同时，他们还结合当时中国资本主义企业生产的事实，批驳了只有资本主义才能解决中国问题的观点。为了证明中国不能实行资本主义，马克思主义者从中国的政治、经济与国际资本主义关系的角度进行论证。李达指出，"中国是万国的商场，是各资本国经济竞争的焦点，是万国大战争的战场。各资本国在中国培植的经济势力，早已根深蒂固，牢不可破。当着产业万分幼稚的时代又伏在各国政治的经济的重重势力之下的中国，要想发展资本主义和各资本国为经济战争，恐怕要糟到极点了"。由于资本主义生产方式存在其自身无法克服的矛盾，所以，"只有采用社会主义的生产方法"，即"资本归公"，"社会上一切生产工具……谁也不能据为己有"，"一切生产品底产额及交换都由公的机关统计调节或直接经营"，才能解决资本主义生产方式的弊端。在将来的社会主义社会中，"一人利用他人、压迫他人的事实绝对不会发生，也没有经济恐慌、人民失业的危险"，"生产组织是有秩序有政府的状态"。

另一方面，针对梁启超等人极力反对政治革命和社会革命，通过实行改良政策协调劳资关系的主张，马克思主义者进行批驳。提出通过无产阶级革命来建立社会主义。李达指出，"只主张借资本阶级的国家的立法，施行几项温情政策，略略缓和社会问题，并不是想根本的解决社会问题的"。这种"温情政策"乃是资本主义和军国主义极端发挥以后所生的必然结果，至于对资本主义采用"矫正"态度，更是"一句空话"。资本家"一定唯利是图，他们宽待劳动者，无非是免得受罢工的损失，而可以安稳地扩张资本势力"。"梁任公的温情主义的主张是不能达到社会主义的"。所谓"要对劳动者灌输知识，助长组织"，"并不算是什么革命的手段，实不过是改良主义的社会政策派的劳动运动罢了"。

他们批驳了在中国走议会主义道路的主张，陈独秀说："议会制度本是资产阶级专为供给及监督他们的政府底财政而设立的，要拿他来帮助劳动者，来废除资本私有制度，岂不是与虎谋皮吗？选举底怪现象各国都差不多，就是实行普通选举，劳动界能得多少议员，有多大效果呢？所以马克思的著作无一不是主张无产阶级对于有产阶级取革命的行动，没有一句主张采用议会政策的，可惜自称为马克思派的德国社会民主党竟然忘记了！"他们主张改造中国社会的方式是实行阶级斗争和无产阶级专政。李达提出"要采用劳农主义的直接行动，达到社会革命的目的"，即"联合大多数的无产阶级，增加作战的势力，为突发的猛烈的普遍的群众运动，夺取国家的权力，使无产阶级跑上支配阶级的地位，就用政治的优越权，从资本阶级夺取一切资本，把一切生产工具集中到无产阶级的国家手里，用大速度增加全部生产力"。

最后，明确区分了坚持科学社会主义与基尔特社会主义的界限，为人们接受正确的马克思主义奠定基础。五四运动后，"社会主义"成为中国最流行的一种思潮，当时人们尚不能明确地区分科学社会主义与其他社会主义流派的界限。张东荪、梁启超等正是打着基尔特社会主义的旗帜与马克思主义者进行论战，来宣扬中国要走资本主义道路，实行改良主义，反对无产阶级革命。施存统指出，马克思"以前的社会主义，都是空想的社会主义，没有科学的体系；自从他出来以后，社会主义才具备了科学的体系，划了一个新纪元"。

蔡和森说："对于初期的社会主义，乌托邦的共产主义，不识时务穿着理想的绣花衣裳的无政府主义，专主经济行动的工团主义，调和劳资以延长资本政治的吉尔特社会主义，以及修正派的社会主义，一律排斥批评，不留余地。"陈独秀则指出古代所讲社会主义与马克思后的社会主义的区别在于："古代所讲社会主义，都是理想的"，马克思主义以后的社会主义是科学的、客观的，是建设在经济上面的，与马克思"以前建设在伦理一面的空想的主观的社会主义完全不同"。

三、拨开云雾见月明

关于社会主义的论战，以马克思主义的科学社会主义战胜基尔特社会主义而结束，这场斗争具有重大意义：

第一，明确指出中国的前途非资本主义而是社会主义。论战开始不久，在马克思主义者的追问下，张东荪道出了他们的真实主张，中国必须先发展资本主义，等资本主义发展到一定阶段之后，造就了强大的劳动阶级和物质基础，然后才能实行社会主义。实质上，这仍然是幻想中国走欧美式的道路。然而，对于半殖民地半封建的中国来说，救亡图存、争取民族独立是必须完成的历史任务。由于帝国主义、封建主义的阻挠，广大人民群众的反对，及中国资产阶级自身的局限等原因，资本主义道路在中国根本行不通，这是已经被辛亥革命的失败经证明了的。张东荪等人在这种条件下，还想先发展资本主义来达到救世的目的，就只能是一种幻想。通过这场论战，中国早期马克思主义者揭露了张东荪、梁启超等人的假社会主义，进一步宣传了马克思主义的科学社会主义理论。尽管他们在当时还不懂得中国革命应当分民主革命和社会主义革命两步走，第一步应该是民主主义，第二步才能是社会主义。但他们坚决反对在中国建立资本主义社会，主张中国的前途是社会主义，是对中国社会发展和革命规律的正确认识。

第二，进一步传播了科学社会主义理论，帮助先进分子从改良主义的理论迷雾中走出来。通过论战，马克思主义者较为明确地划清科学社会主义与基尔特社会主义及其他改良主义的界限。传播了马克思主义的阶级斗争无产阶级革命理论。许新凯在《共产主义与基尔特社会主义》一文中，指出科学社会主义与基尔特社会主义的主要区别是：共产主义者主张打破资本家的国家，没收资本家的财产转付全体劳动阶级的公共管理之下，实行无产阶级专政和权利集中；"基尔特社会主义者，对于这两层非常反对"。共产主义者主张"各人的报酬，以致力于社会勤劳为标准"；基尔特社会主义者主张绝对废止工钱制度。共产主义者主张工业是供给一切人民需要的，人民应当占有一切生产资料，共同管理企业；基尔特社会主义者主张绝对的产业自治，工厂的"管理应完全归于劳动者，不受自己团体外的干涉"。

同基尔特社会主义的论战为共产党在长期的革命斗争中提供了有益的借鉴，中国共产党在创立伊始即与资产阶级改良主义划清了界限，为中国共产党的建立奠定了巩固的思想和组织基础。

第五节　中央局书记

一、为中共一大做准备

1921年6月，共产国际代表马林到达上海，不久，共产国际远东书记处派遣接替维经斯基工作的尼科尔斯基（俄国人）也来到了上海。他们同李达商议，建议"应当及早召开全国代表大会，宣告党的成立"。于是，李达"发信给各地党小组，各派代表二人到上海开会"。国际代表的到来，加快了中国共产党成立的步伐。此时，陈独秀受广东陈炯明之邀，正在广东主办教育事业。因此，陈独秀在广州接李达来信以后表示他不能去上海，因为他兼大学预科校长，正在争取一笔款子修建校舍，他一走款子就不好办了。他指派陈公博和包惠僧去出席会议。

1921年7月下旬，中国共产党第一次全国代表大会在上海召开，8月初闭幕。参加会议的代表共13人，他们分别是：上海代表李达、李汉俊；北京代表张国焘、刘仁静；长沙代表毛泽东、何叔衡；武汉代表董必武、陈潭秋；济南代表王尽美、邓恩铭；广东代表陈公博；海外代表周佛海，代表全国50多名党员。共产国际代表马林和尼科尔斯基也出席了会议。最早倡议成立中国共产党并为之作出卓越贡献的南陈北李，因工作关系，无法分身，都没有参加会议。

会议由张国焘主持，他向大家介绍了北京小组的活动。此外，毛泽东也介绍了长沙共产主义小组的活动。陈独秀提出的四条意见成为会议讨论的中心。李汉俊提出，中国革命怎么搞，中国共产党的党纲怎么形成，应先派人到苏联去考察，先不急于定党纲。目前的工作是支持孙中山先生的广州政府。但是，大多数代表发言没有支持李汉俊不需要固定党纲的观点。最后，大会通过了《中国共产党第一个纲领》，明确规定：我党定名为"中国共产党"。党的奋斗目标和基本任务是：以无产阶级革命军队推翻资产阶级，由劳动阶级重建国家，直至消灭阶级差别；采用无产阶级专政，以达到阶级斗争的目的消灭阶级；废除资本私有制，没收一切生产资料，如机器、土地、厂房、半成品等，归社会所有；联合第三国际。这表明，中国共产党从一开始就旗帜鲜明地把社会主义和共产主义作为自己的奋斗目标，并坚持用革命的手段来实现这一目的，从而同一切资产阶级政党及其他非无产阶级政党有着根本的区别。但初期的共产主义者对中国的具体国情还了解不够，还不懂得民主革命与社会主义革命的区别和联系，因而没能制定出党在民主革命阶段的明确纲领。

由于受到密探的监视，代表们乘火车来到嘉兴，在南湖的一艘画舫上继续开会。船到湖心，张国焘宣布开会。会议最后一项议程是选举中央领导人，陈独秀影响最大，代表们一致认为要选陈独秀，最终陈独秀被选为中国共产党中央局书记；李达主编《共产党》月刊，任宣传部主任；张国焘个性外露，组织能力强，任组织部主任。陈独秀出任中国共产党的首任领导人，可说是众望所归。陈独秀作为新文化运动的主将、五四运动总司令，在社会各界享有很高的威望；他在传播马克思主义、反对各种非马克思主义的斗争中，作出了卓越的贡献，是为中国共产党成立准备思想基础努力最大的人之一；而在创建共产党过程中，他不仅亲手创建了上海共产主义小组并任书记，而且指导、促进了各地共产主义小组的建立，在这方面，他应该是贡献最大的一个。

中国共产党第一次全国代表大会的召开，正式宣告了中国共产党的成立，这在中国历史上具有划时代的伟大意义。"中国产生了共产党，这是开天辟地的大事变"，"自从有了中国共产党，中国革命的面目就焕然一新了"。

二、领导建党初期的工作

一大闭幕后，陈独秀尚在广州。而中国共产党刚成立，工作千头万绪，急需他回沪主持。为催促陈独秀回沪，马林召集张国焘、李达、周佛海、包惠僧开会，指出陈独秀当选为中国共产党书记，应尽到责任，不能由别人代替（陈独秀回沪前，由周佛海作代理书记）。同时对一个国家的共产党领导人在资产阶级政府里做官也提出了意见。于是，包惠僧到广州向陈独秀汇报了一大情况，并接陈独秀回沪。9月中旬，陈独秀与包惠僧回到上海。

回到上海的陈独秀准备立即负起书记的责任，开始积极的工作，但是却与共产国际代表马林产生了矛盾。由于马林没有征求中共中央的同意，就派张太雷赴日本联络社会主义者参加即将举行的远东劳苦人民大会，激起了陈独秀的极度不满。他声言决不与马林见面，并拟要求共产国际撤换马林的职务。而马林认为第三国际是全世界共产主义运动的总部，各国共产党都是第三国际的支部，中共的工作方针、计划应在第三国际的统一领导之下进行。陈独秀则认为中国共产党尚在幼年时期，一切工作尚未开展，似无必要戴上第三国际帽子，中国的革命有中国的国情。因此，尽管马林几次要求与陈独秀会晤，都被其拒绝。

三、再次被捕

正在双方僵持不下的时候,陈独秀的第二次被捕改变了两人的关系。1921年10月4日中午,杨明斋、周佛海、柯庆施到渔阳里2号陈宅楼下和高君曼打麻将,陈独秀正在午休,突然三个陌生人闯进陈宅,说要找陈独秀。众人一看是陌生人便说陈独秀不在家。听说陈先生不在家,这几个人还要往里走,中间有一个尖嘴猴腮的说要买几本《新青年》。包惠僧说:告诉来者到大自鸣钟下面去买。但是,这几个人还是不肯走,指着地上的《新青年》说要买。这种情况惊醒了在楼上午睡的陈独秀,他知道出岔子了,于是下楼准备走后门。只见一个戴礼帽的大个子陌生人站在那儿,又退了回来。

这时,屋外传来巡捕房的汽车声,来人将陈独秀、高君曼、杨明斋、柯庆施、包惠僧等五人带上汽车,又将《新青年》杂志和其他书刊资料一部分搬到另一辆汽车上。到了巡捕房,各人都很默契地填上了假名字。陈独秀填了王坦甫,包惠僧填了杨一如,高君曼填了林氏,杨明斋、柯庆施填了牟有德、胡树人,然后按了手印。巡警见陈独秀没抓到,就在渔阳里2号留了几个便衣。

过了几天，上海法院院长褚辅成及《民国日报·觉悟》主编邵力子来到陈家，被巡捕带到了巡捕房。陈独秀见是褚辅成，忙摆手暗示褚不要叫他，可褚辅成还是露了馅。这样，陈独秀身份就暴露了。巡捕房的头头见"王坦甫"就是陈独秀，一边放了褚辅成、邵力子，一边叫人去陈家，通知撤人。

陈独秀被捕的消息被各大报纷纷登载，闹得满城风雨。第三天，褚辅成和张继等将陈独秀保释出去，但得随传随到。五天后，包惠僧等人也被保释。为了营救陈独秀，马林请了法国律师巴和承办这个案子。

陈独秀等人出狱以后才知道马林为了营救他们五人花了很多钱，费了很多力，打通了会审公堂的各个关节，才顺利结案。陈独秀是个很重感情的人，通过这次患难，在无形中增进了对马林的感情。在这之后，陈独秀和马林密切地会谈了两次。从此，中共接受了共产国际的领导和经济的支援。

第六章 大革命中的迷茫

第一节 制定民主革命纲领

一、明晰国内时局

1921年4月间,北方两大军阀集团——直系与奉系爆发了战争。战争的结果,直系获胜,控制了中央政权,奉系虽战败,但仍有很大的实力,时刻准备伺机入关,企图夺取中央大权,中国政局动荡不安。这场军阀战争实际上是英美与日本帝国主义之间的较量,是太平洋会议以后他们之间矛盾斗争的产物。

面对这种形势,政界、军界以及文化教育界的人士都纷纷提出解决国是的主张。执掌中央权力的直系军阀的头领吴佩孚一开始扬言废督裁兵,继而又企图以武力统一中国;战败的奉系军阀头领张作霖以及其他盘踞一省地盘的军阀主张联省自治；尤为引人注目的是北京的一些从事新文化运动的知名学者、教授对吴佩孚的态度。他们早在4月间，就联名提出组织"好人政府"的主张，即不分党派，由全国公认的好人，出面组成一个"好人政府"。这个政府应实行废督裁兵、尊重国会、制定宪法、支持联省自治、宣布停止内战、公开政府财政等主张。此事的发起人是胡适，有包括李大钊在内十五人联合署名。

联共（布）、共产国际和苏联驻中国的外交人员对吴佩孚所采取的态度也影响了时局的发展。早从1920年开始，出于中苏关系和苏俄远东的利益及他们对中国政治军事的初步观察，他们认为吴佩孚虽然是军阀，却是一个民主主义者，对他可以实行联合。与此相适应，他们也向中国共产党提出同吴佩孚合作的方针。

以上尖锐形势和重要难题就这样摆在了陈独秀的面前，要求他必须做出正确的抉择和弃取，这无疑是一次严峻的考验。他首先派人到北京做李大钊的工作，说服李大钊并通过李大钊劝说那些文化界的朋友放弃"好人政府"的主张，不要对吴佩孚抱任何幻想。李大钊很快放弃了原先的主张,并做了他应该做的工作。基于这种情况,陈独秀根据远东会议内容于1922年6月20日起草并发表了《中国共产党对于时局的主张》。这是中国共产党第一次发表的重要政治声明,陈独秀在文中鲜明指出,"好人政府主义"等办法不能解决中国问题。陈独秀认为,"好人政府"的主张会阻碍革命思潮发展,将一般人引导到改良幻想的歧途。为此,文件提出了"目前的奋斗目标",是要建立民主主义的革命联合战线;而在当时中国各政党中,只有国民党是比较革命的民主派,是比较真的民主派。同时,他还列出反对封建军阀和反对国际帝国主义为中心内容的具体十一项原则。《中国共产党对于时局的主张》首次向中国人民以党的文件形式正式明确提出反帝反封建的民主革命的任务和建立革命联合战线的原则,把两党建立联合战线提高到民主革命中两党合作的高度,从而为党的二大创制民主革命纲领奠定了坚实基础。

二、制定新的革命纲领

1922年6月16日,即在中共第一次时局主张讨论通过的第二天，吴佩孚就勾结陈炯明发动武装叛乱，背叛了孙中山，时局的发展证明了陈独秀对时局的预见是正确的。共产国际也不能不承认中共的第一个时局主张"是很成功的"，"完全正确地掌握了旨在反对国内军阀和外国帝国主义者的民主统一战线思想"，承认中共"已开始走出马克思主义小组状态，并作为一个政治组织而站立起来"。

1922年7月，中国共产党召开第二次全国代表大会。陈独秀和蔡和森等人被推选为大会文件的起草人。文件主要由陈独秀执笔起草，蔡和森在起草的过程中提出许多重要修改意见，努力将全党的创造和智慧凝结在文件之中。

《宣言》比较全面、系统地提出了党的民主革命纲领。首先追述了国际帝国主义对中国的宰割史，然后分析了中国社会的经济、政治现状，指明中国社会的半封建半殖民地性质，揭露军阀是帝国主义侵略和压迫中国的工具，初步阐明了中国革命的性质、任务和动力，制定了党的最低纲领和最高纲领——最低纲领即民主革命阶段的纲领，是消除内乱、打倒军阀、建设国内和平、推翻帝国主义的压迫、达到中华民族完全独立、统一中国为真正的民主共和国；最高纲领是组织无产阶级，用阶级斗争的手段，建立劳农专政的政治，铲除私有财产制度，渐次达到一个共产主义社会。

为了实现党的最低纲领，二大通过了民主联合战线等决议案。二大选举陈独秀任中共中央委员会委员长。中共对于时局的主张和二大宣言，对当时舆论界流行的几种错误的政治言论都做了批评，尤其批评了联省自治论。

三、痛斥"联省自治"

陈炯明兵变后，张继和陈独秀会晤，希望陈独秀站在孙中山北伐军一边。陈独秀表示立即与陈炯明断绝关系。不料谭植棠、陈公博、谭平山在广州报上发表文章，公开支持陈炯明联省自治。

当时，鼓吹联省自治的有三种人：一是盘踞一省或数省的地方军阀，如湖南的赵恒惕、浙江的卢永祥、东三省的张作霖等，他们吹嘘自治的目的无非是借自治之美名行军阀割据之实，以对抗执掌中央权力大军阀的"武力统一"；第二种人是官僚缙绅，他们虽然大都有一官半职，但并无实权，他们嚷嚷着要自治是为了捞取地方上的实权，以抬高自己的政治地位。

然而，联省自治论之所以能形成一股政治思潮，主要是由于第三种人的提倡，他们是一些自由职业者，有大学名教授、新闻工作者、著名作家，等等。他们的动机是出于善良的改良愿望，但主张是不切实际的。他们认为造成军阀混战、时局动乱的原因是有权的不守法，是由于"大倡统一集权"之说，因此，反对集权，主张分权，实行自治。胡适认为"只有'省自治'可以执行'分权与民'和'发展县自治'的政策，只有'联邦式的统一'可以打破现在割据局面，只有公开的各省代表会议可以解决现今的时局，只有公开的会议可以代替那终究必失败的武力统一"。由于胡适主办的《努力周报》的鼓吹，联省自治论一时甚嚣尘上。于是环绕着联省自治论又展开了一场争论，参加争论的一方是陈独秀和瞿秋白、蔡和森、毛泽东等，另一方主要是由胡适代表的以《努力周报》为阵地的一些改良派。

1922年8月，陈独秀发表《对于现在中国政治问题之我见》一文，详细分析了中国政治经济状况，指出"这样的经济及政治状况，遂使中国的阶级争斗不得不分为两段路程：第一段是大的和小的资产阶级对于封建军阀之民主主义的争斗，第二段是新起的无产阶级对于资产阶级之社会主义的争斗。"认为联省自治的主张是没有研究中国政治纠纷之根源在那里。他认为,"中国政治纠纷之根源,是因为封建式的大小军阀各霸一方,把持兵权、财权、政权,法律舆论都归无效,实业、教育一概停顿,并不是因为中央权大地方权小的问题。此时全国兵马财政大权都操在各省督军总司令手里,连国有的铁路、盐税他们都要瓜分了,若再要扩大地方权,不知还要扩大到什么地步?"最后,陈独秀再次声明"只有集中全国民主主义的分子组织强大的政党,对内倾覆封建的军阀,建设民主政治的全国统一政府,对外反抗国际帝国主义,使中国成为真正的独立国家,这才是目前扶危定乱的唯一方法。"

8月13日,胡适在《努力周报》上发表《吴佩孚与联省自治》一文,主张以"联省式的统一"代替吴佩孚"集权于国,公权于民"的统一。他把联省自治定义为一种联邦或联省的国家;认为无论联邦或联省,并不妨碍国家的统一。认为只有实行联省式统一国家,才是现在唯一的统一;只有这种统一是可能的;而吴佩孚说的'集权于国,分权于民'的统一,只是纸上的名词。9月7日胡适再次发表了《自治与军阀割据——答陈独秀》，把政治制度的组织形式和中央与地方权力分配的问题看作是中国社会的病根。13日，中共中央机关报《向导周报》第一期发表陈独秀的文章《联省自治与中国政象》，点名批判了胡适等人。认为"中国此时还正在政治战争时代，不是从容立法时代，我们并不像一般书呆子迷信宪法本身有扶危定乱的神秘力，我以为此时一部宪法还不及一张龙虎山的天师符可以号召群众。""中国已经是无政府状态；不必再鼓吹无政府主义了；中国的政象已经是超联邦以上的地方专权，不用再鼓吹什么联省联邦制了。""拿联省自治来救济中国，简直是药不对症，不但不能减少病痛而且还要增加病痛，因为中国此时的病症，是武人割据不是中央专权，省民政治能力不能接受省自治权而采用联省自治制度，除增加武人割据的扰乱以外，必无其他好的结果。"

这次争论的实质性的分歧，仍然是以社会革命的手段彻底改造中国，还是在保存旧制度的基础上进行点滴改良的问题。是1919年"问题与主义"之争的继续和深化，反映了自"问题与主义"以来民主主义知识分子队伍的进一步分化。如果说"问题与主义"的争论，主要是意识形态领域里的一场斗争，那么这次争论的双方都努力把自己的观点和主张付之于实践。

当联省自治论的呼声高涨之时，吴佩孚复电赵恒惕反对联省自治。8月，直系诸将领田中玉、孙传芳、肖耀南、陆洪涛在吴佩孚的授意之下纷纷发表通电，咒骂联省自治论是"邪说奸谋，天人共愤"。虽然他们所攻击的对象主要是赵恒惕和卢永祥，但也间接地向那些热衷于联省自治的知识分子当头泼了一瓢冷水，要他们清醒清醒。胡适一时还不肯罢休，直到1923年曹锟贿选总统之后，他才以无可奈何的心情将《努力周报》停刊了。

这场争论直接关系到中共民主革命纲领的普及与推行。这个纲领虽然还需要在今后革命实践中不断地加以充实和完善，但它的基本论点是正确的，例如对中国社会性质的论定、对革命对象的确定、建立民主统一战线的倡议和以革命战争推翻帝国主义的压迫和反动军阀的统治，等等，毫无异议是真知灼见，是中国共产党人运用马克思主义列宁主义的普遍原理与中国革命实践相结合的结果，也是区别于旧民主革命的主要分界线。

第二节　加入国民党的争论

一、探索合作方式

1921年底，美、英、法、日、意、比、荷、葡、中九国在华盛顿举行分赃会议。为了对抗这次会议，共产国际于1922年1月21日在莫斯科召开了远东各国共产党及民族革命团体第一次代表大会。大会贯彻了列宁的《民族和殖民地问题提纲初稿》的意见，明确指出中国和远东各被压迫民族当前的革命任务是进行反对帝国主义和封建主义的民族民主革命，号召"全世界无产者和被压迫民族联合起来！"中国方面出席会议的有共产党、社会主义青年团和国民党的代表。列宁在病中接见了国共两党的代表，和张国焘及国民党代表张秋白谈到了中国国民党和中国共产党是否可以合作的话题。

2月2日大会闭幕以后，代表们陆续回国。张国焘回到上海以后向中共中央汇报，说明了大会确定中国革命的反帝国主义性质，而帝国主义与中国的反动势力是勾结在一起的，并指明中国革命是世界革命的一部分,等等。此时,国内的形势也要求中国共产党采取必要的步骤,组成最广泛的统一战线。1922年2月7日,北洋军阀政府发动了血腥镇压工人罢工的"二七惨案"。"二七惨案"的发生说明,面对异常强大的帝国主义和封建军阀势力,仅靠少数人的孤军奋斗或分散的各自为战,都难以达成反帝反封建的斗争的胜利。而在半殖民地半封建的旧中国,工人阶级虽有坚强的革命性,但人数毕竟较少,如果不团结一切可以团结的力量,结成最广泛的统一战线,就难以打败强大的敌人。

陈独秀在广东主办教育事业之时,对孙中山及其所领导的国民党认识进一步加深。1922年3月,当陈独秀听了张国焘关于莫斯科远东会议精神的汇报后,虽然赞同列宁提出的国共合作主张,但是对于以什么方式实现同国民党的合作存在疑虑。

二、反对党内合作

1921年底,共产国际代表马林前往南方。他先后到达汉口、长沙、广州、桂林等地,沿途参加了一些进步青年的集会,在桂林停留了九天,同孙中山会谈三次,然后又经广州等地，于1922年3月29日回到了上海。他在给共产国际执行局的报告中分析了南北的革命形势，认为北方听到关于中国运动及其发展前景的印象是消极的，但在南方却看到那里有可能进行卓有成效的工作，并会取得成功的。马林认为，南方所做的一切，正是中国革命所不可缺少的，而中国共产党成立得太早了，应该尽快与国民党合作。马林根据他对国民党的考察，从中国民主革命的前提出发，建议中共党员加入国民党，实行国共两党的党内合作。这个建议受到了很多中共党员的强烈抵制。

4月6日，陈独秀给维经斯基写信，提出6条意见反对马林的提议：第一，共产党与国民党革命的宗旨及所据的基础不同；第二，国民党联美国、联张作霖段祺瑞等政策和共产主义太不相容；第三，国民党未曾发表党纲，在社会上仍被看作是一争权夺利之政党。共产党如果加入该党，则在社会上信仰全失（尤其是青年社会），永无发展之机会；第四，广东实力派之陈炯明名为国民党，实则反对孙逸仙派甚烈，共产党如果加入国民党，立即受陈派之敌视，即在广东亦不能活动；第五，国民党孙逸仙派向来对于新加入之分子绝对不能容纳其意见及假以权柄；第六，广东、北京、上海、长沙、武昌各区同志对于加入国民党一事均已开会议表决绝对不赞成，在事实上亦已无加入之可能。并请维经斯基向第三国际传达中国共产党的意见。

4月24日，马林离开上海回莫斯科，寻求共产国际的支持。7月，马林回到莫斯科后就向共产国际作了报告。他在报告里提出，上海虽然是中国工业最集中的城市，但没有他所熟悉的那种工人运动，学生运动的领袖们由于纷纷出国留学，学生组织已经失去意义，而农民群众对革命完全漠不关心。因此，他认为在中国目前时期没有一个发展了的阶级能够担负政治领导的责任。与此同时，马林还过高地评价了国民党在中国工人阶级中的地位和作用，认为孙中山和工人有长期的接触，有1.2万名海员加入国民党。

马林的意见在得到斯大林的同意以后，共产国际执委会于18日作出决定：认为中共中央委员会所有的工作都必须在马林同志的紧密联系下进行。8月，国际执委会给驻中国代表作出指示，认为共产党为完成他们的任务，必须在国民党内部和工会中组成从属于他们自己的团体。在这些团体之外，建议成立一个宣传机构，宣传与外国帝国主义作斗争、创建民族独立的中华民国。但是，这一机构的建立要尽可能地得到国民党的同意，当然，它应保持完全的独立性。

由此可见，共产国际完全接受了马林的建议，决定以党内合作的方式促进中国建立民主联合战线。

三、统一党内认识

不久，马林携带着国际的指示又来到了上海。这时中共二大刚刚闭幕。马林为了贯彻共产国际的指示，建议中共中央召开会议专门讨论国共两党的合作问题。于是，8月29日在杭州西湖举行了中央会议，讨论国共两党合作问题。参加者有陈独秀、李大钊、蔡和森、张国焘、高君宇、张太雷和马林。马林在会上传达了共产国际的指示，并指明国民党不是一个资产阶级的党，而是多阶级联合的党，无产阶级应该加入进去改进这一党以推动革命。陈独秀、李大钊、张国焘、蔡和森等一致反对加入国民党，其主要的理由是：党内联合会混合了阶级组织和牵制了共产党的独立政治。然而，在中国共产党第二次全国代表大会上，通过了《中国共产党加入第三国际决议案》，这意味着中共即使有自己的意见，但是也必须受国际纪律的约束，也就是说所有加入共产国际的党部都必须执行共产国际代表大会及其执行委员会的一切决议。如果党员原则上否认共产国际所提出的义务和提纲，应该开除出党。经过马林与李大钊的说服与解释，会议最终在国共合作形式问题上达成了共识。

西湖会议统一了中国共产党人的认识，为国共合作扫清了障碍。但仅有中共单方面的决定还不够，还需要国民党方面，特别是孙中山的同意。此时的孙中山刚刚经历了陈炯明的叛变，认识到实现三民主义，不能单靠军人奋斗，而要靠党的力量。而国民党员过于复杂，大多数党员都认为加入国民党是做官的捷径，因此，亟需整顿和输入新鲜血液。从这些方面考虑，孙中山赞成中共党员加入国民党，以实现国共合作的主张。他应允取消打手模和宣誓服从他的原有入党办法，并依照民主化的原则改组国民党。几天后，在孙中山亲自主盟下，陈独秀、李大钊、蔡和森、张太雷等人就由张继介绍正式加入了国民党。

第三节　推动国共合作

一、中共三大上的努力

西湖会议后不久，陈独秀于1922年9月率中共代表团出席共产国际"四大"。11月8日，陈独秀一行到达莫斯科。会议通过了《东方问题提纲》，明确指出东方落后国家应建立反帝的统一战线。陈独秀参加了这个提纲的讨论和制定。

陈独秀离开后，俄共（布）中央政治局决定采纳外交人民委员部越飞同志的建议，全力支持国民党。

1923年1月10日，马林回莫斯科向共产国际执委会汇报中国国共合作的情况。1月12日，共产国际执委会通过《关于中国共产党与国民党的关系问题的决议》，明确指出："由于中国的中心任务是反对帝国主义者及其在中国的封建代理人的民族革命，而且由于这个民族革命问题的解决直接关系到工人阶级的利益，而工人阶级又尚未完全形成独立的社会力量，所以共产国际执行委员会认为，国民党与年轻的中国共产党合作是必要的"，"中国共产党党员留在国民党内是适宜的"。在这里，共产国际高估了国民党的作用，过低地估计了中国工人阶级的力量和作用，忽视了无产阶级在民族民主革命中必须坚持无产阶级领导权的思想，把无产阶级降低到资产阶级追随者的地位。

与此同时，孙中山本人也在改变自己过去单纯的军事观点和做法。于是，越飞提出"承认孙逸仙的革命政府是中国合法的政府，并只同他打交道"的政策。1923年1月26日，发表了《孙中山越飞宣言》，标志着孙中山联俄政策的确立。

为进一步统一全党思想，促进国共合作的早日实现，1923年6月12日至20日，中国共产党在广州召开第三次全国代表大会。大会主要议题是进一步讨论共产党员加入国民党的问题。陈独秀在工作报告中回顾了中共中央加入国民党政策的演变，并对中央工作作了批评和自我批评。会议就共产党员加入国民党的问题展开了激烈的争论。此时争论的焦点已不再是要不要加入国民党，而是全体党员加入还是部分党员加入国民党，特别是要不要动员产业工人加入的问题。

经过争论，陈独秀、马林的观点占了上风。马林的目标使陈独秀的提纲获得多数人的支持，与共产国际执委会提纲是绝对一致的，现在，他的目标实现了。为了使陈独秀的提纲获得通过，马林事前曾和毛泽东、王荷波、邓培、王用章等交谈。但会议还是否决了陈独秀、马林"一切工作归国民党"等偏激观点。党的三大闭幕不久，陈独秀就与毛泽东一起拜访了国民党的杰出领导人廖仲恺，商谈国共两党合作的问题，目的是请他在国民党内，特别是在协调中共与孙中山之间的关系上起到重要作用。

1923年10月，共产国际代表鲍罗廷来到广州，孙中山聘任他为国民党特别顾问。国民党中央常委开会，如果孙中山缺席，会议由鲍罗廷主持，会议决定的问题要得到鲍罗廷的同意。鲍罗廷掌握了苏俄援助国民党的军火物资的分配大权。当中共广东区委成立以后，也是在鲍罗廷的指导之下进行工作的。鲍罗廷的权势炙手可热，他对于国民革命的实际影响超过了任何一位国际代表。随着革命形势的发展，孙中山和国民党接受苏联新派来的顾问鲍罗廷的建议，准备召开国民党第一次代表大会。为了适应这种形势需要，于1923年11月24日至25日，陈独秀主持召开了党的三届一次执委会。会议通过了《国民运动进行计划决议案》等文件。文件从组织、政治和经济三个方面规定了中共的独立性和努力站在国民党中心地位的指导思想和策略原则。

中国国民党在中国共产党的积极推动与支持之下，于1924年1月20日至30日在广州召开第一次全国代表大会。到会代表约200人，其中共产党员23人。代表产生的办法，有由孙中山直接指派的，有由共产党提名经孙中山同意的，有由各省党员推举的。陈独秀被孙中山指定为安徽省的代表，但没有出席会议。大会通过了著名的《中国国民党第一次全国代表大会宣言》，《宣言》分析了中国社会的现状，采纳了中共提出的反对帝国主义、反对封建主义的政纲，重新解释了三民主义，确定了联俄、联共、扶助农工的三大政策。《宣言》为国共两党合作奠定了政治基础。大会通过了共产党员和社会主义青年团员以个人身份加入国民党，选出了国民党中央执行委员和候补中央执行委员共41名，其中共产党员10人，约占总数的四分之一。

二、批评国民党

1924年10月23日，冯玉祥在北京发动了政变，迫使直系控制的北京政府下令停战并解除吴佩孚的职务，监禁总统曹锟，宣布成立"国民军"。政变后，冯玉祥授意摄政内阁通过了《修正清室优待条件》，废除帝号，清室迁出紫禁城，驱逐溥仪出宫。

也就在此前后，陈独秀发表了许多文章，立场坚定、观点鲜明，针对性更强，火力和措辞也更尖锐。1924年11月19日陈独秀在出版的《向导》周报"北京政变特刊号"上写了三篇文章。在《北京政变与国民党》中，他鲜明地指出"在二重压迫剥削之下的中国人民呵，我们不扫荡一切帝国主义者及一切军阀，决无实现和平安定的局面之可能。袁世凯死了，我们希望段祺瑞出来可以弥缝一个和平安定的局面，结果可是失望了；段祺瑞、徐世昌都倒了，我们又希望吴佩孚出来可以改组一个和平安定的局面，可是结果又失望了；现在曹、吴又倒了，我们却仍希望基督将军出来或段祺瑞再出可以弥缝一个和平安定的局面，结果仍然是要失望且不但失望，譬如毒疮，不施以剧烈的外科手术，弥缝一次，溃烂必更甚一次"。由此，他批评了国民党对于反对直系的黎元洪、段祺瑞和安福系政客的支持，因为他们都不是国民党应该利用的武器。陈独秀的这些文章出发点当然是好的,但措辞尤为尖锐,没有给国民党和孙中山留一点儿面子。

为了解决这个问题,陈独秀主持召开中央局会议研究对策。大家议定从大局出发,应该继续加强和帮助国民党的宣传和组织工作,特别是北方的工作,但在对国民党的批评中要尽量避免过火和激烈词句。

第四节 回击国民党右派的进攻

一、回击"弹劾共产党"案

国民党一大结束后,国共合作面临着左派和右派的冲突。在国民党一大时,左右派斗争的焦点是环绕着是否采纳中共的反帝反封建的民主革命纲领,和是否允许共产党员加入国民党的问题而展开的,到1924年的下半年,斗争深化了,侧重点转移到右派攻击共产党在国民党内的党团活动。

1924年6月14日,党、团中央共同发出通告,规定超龄团员在三个月内加入中国共产党。四天后,张继、谢持、邹鲁、邓泽如等人向国民党中央提出反对共产党的"弹劾案",接着又发表《"护党"宣言》,开始了对于共产党的进攻。他们认为既然共产党加入了国民党,就不该在共产党内再搞党派活动。为了缓和矛盾,孙中山下令作一个《关于党务宣言》,宣布"惟以其言论行动能否作本党之主义政纲及党章为断。如有违背者,本党必予以严重制裁,以整肃纪律"。《宣言》的发表,在短时间内缓和了一下国民党右派的情绪,所谓"弹劾共产党"一案就此了结。但是隐藏在这一问题下的深层次矛盾并未解决,斗争也不曾止息,而且始终贯穿于第一次国共合作之中。

1924年9月7日,陈独秀给维经斯基写信,指出国民党一届二中全会对共产党是一个很大的打击。实际上,国民党利用反动派施加的压力和他们的反共宣传来压制共产党,目的在于把中国共产党置于国民党的领导之下。在这个时候,鲍罗廷同志不仅没有站出来反对,而是建议他们成立所谓国际联络委员会,隶属于国民党政治委员会,并且拥有解决(国共)两党问题的全权。陈独秀对鲍罗廷不与自己和共产党商量的做法不满,希望维经斯基能够建议共产国际提醒鲍罗廷同志,同孙中山打交道必须十分谨慎，否则他还会上圈套，还要提醒他始终要同共产党进行协商。陈独秀知道，孙中山所以看重鲍罗廷，是因为他的皮包里有莫斯科的巨额援助。

10月8日，中共执委会在听取了刚回上海的瞿秋白口头报告后，作出决议，认为鲍罗廷和瞿秋白在广州对如何在国民党内做工作的问题上犯了错误。鲍罗廷、瞿秋白错误地认为，共产党应该帮助中派去哄骗右派，向中派让步，落入了中派的圈套。结果，在会议开始时没有提出自己的镇压反动派的决议案，致使国民党内部成立了干涉共产党事务的机构，等于向共产国际和共产党承认、国民党有权成立调查共产党活动的机构。此外，鲍罗廷在军事政策上对国民党的帮助，实际是扩大了右派的势力。

决议最后指出："中共（中央）执委会非常不满的是，鲍罗廷同志作为共产国际代表同党的执委会联系很少，也不同它讨论决议和对国民党的态度的改变，而是单独行事。即便在这种情况下他不犯什么错误，那么这种状况也会破坏统一，破坏工作制度，这对国民革命运动来说是有害的。"

二、支持孙中山北上

10月23日，北京政权落入冯玉祥、胡景翼、孙岳等人手中，冯玉祥发出召集会议，解决新的国家建设问题的通电。一些国民党要人希望孙中山北上，而中共中央反对孙中山北上，国民党中派也有反对孙中山北上的，认为北上意味着抛弃国民党的宣言，意味着国民党的分裂。但是与中共的意见不同，鲍罗廷却认为这是给国民党提供一个登上国民革命斗争大舞台并成为大政党的极好机会。因此，鲍罗廷鼓励孙中山先发表宣言，然后北上。维经斯基也认为，孙中山参加天津战胜者会议，会促进革命的发展。

当孙中山决定北上后，中国共产党内对孙中山此举存在着较大的争论。为此，中共中央于11月初召开会议，专门讨论对孙中山北上的态度。陈独秀、彭述之、蔡和森等人主张孙中山应留在广东，反对广东区委支持孙中山北上的意见，认为孙中山此举是军事投机，与段祺瑞妥协。但经过激烈的讨论，会议最终还是决定支持孙中山北上，推动国民会议的召开。

11月17日，孙中山抵达上海。中共中央改变了不赞成孙中山北上的态度,发表中共中央第四次对时局宣言,支持孙中山北上召开国民会议,并做了迎接孙中山的工作。然而,正在国民革命胜利发展之时,孙中山先生突然于1925年3月12日病逝。孙中山的逝世,引起了陈独秀的巨大悲痛,他发表了《悼孙中山先生》和《评中山先生死后之各方面》两文,以深深悼念为国家为民族刻苦奋斗终生的孙中山先生。

三、与戴季陶的斗争

孙中山去世后,国民党内的右派势力继续开展对于共产党的攻击。为了明确党的方针,应对国民党右派的进攻,从政策上确立无产阶级革命政党在民主革命中的领导地位,中国共产党于1925年1月11日至22日,在上海召开第四次全国代表大会。会议的最大成果是确认了无产阶级对革命的领导权,确认了工农联盟的重要性。会议指出:"民族运动必须得到无产阶级有力的参加,才能防止其妥协,民族争斗的力量之发展,恒依无产阶级及农民等一切劳动群众阶级争斗的力量之发展为正比例,不但在推翻外国帝国主义的争斗中,须依靠无产阶级及农民等一切劳动群众之努力,即此等争斗得着胜利,亦须无产阶级及农民等一切劳动群众有他们强固的阶级组织及其政党，才能够保障革命的胜利，并抵抗新的反动势力，进行自己阶级的革命。"

会议推选陈独秀为总书记，这是中国共产党历史上第一次称中央领导人为总书记。在中共四大之后，陈独秀作为总书记领导了轰轰烈烈的五卅运动，进一步扩展了中国共产党的影响，显示了中国工人阶级的伟大力量和中国共产党领导中国革命的能力，引起了一切反动势力对共产党的忌恨和仇视。

随着孙中山先生的逝世，统一战线内部无产阶级与资产阶级争夺革命领导权的斗争日趋激烈，国民党内分化加剧且日趋公开化，除老右派外，又出现了以戴季陶为代表的新右派。1925年7月戴季陶出版了《国民革命与中国国民党》，从思想上反对马克思主义，组织上排斥共产党。这本小册子一经出版便受到了陈独秀、瞿秋白等人的批判。1925年9月，陈独秀连续发表了《给戴季陶的一封信》和《戴季陶与反共产派运动》，严厉批判了其在《国民革命与中国国民党》中排除共产党的根本理论及批评共产党的态度。

面对新右派势力逐渐抬头、国共关系日趋复杂的新局面，共产党内在采取怎样的对策上发生了分歧。为统一党内认识，1925年10月，中共中央在北京召开四届二次扩大会议。会上，陈独秀不是主张积极地争夺统一战线的领导权，而是主张一遇情况，就退出国民党，这显然是错误的。共产国际代表维经斯基、鲍罗廷及中央其他委员多数反对他的主张，因为这意味着根本改变国共合作的方针。会议通过了《中国现时的政局与共产党的职任议决案》、《中国共产党与中国国民党关系议决案》等文件，确定了中国共产党对国民党的政策是"反对右派而与左派结合密切的联盟，竭力赞助左派和右派斗争"。其中，"最重要的一个方法，便是到处扩大巩固我们的党"。会后，党对国民党的策略转为了"退而不出，包而不办"的轨道。

与此同时，莫斯科加大了对国民党的财政支持。9月23日俄共中央政治局中国委员会通过革命军事委员会制定的总额为1374896卢布28戈比的预示案，以资助学校、新建部队包括冯玉祥的部队。

然而，国民党左右派分化愈演愈烈，斗争也愈来愈尖锐。1925年8月20日，国民党左派最杰出的代表廖仲恺被刺，老右派势力暂时受到打击，而新右派的代表人物蒋介石却乘机夺取了广东的军政实权,使革命潜在着更大的危险。

第五节　大革命中的错误

一、"中山舰"事件迷雾

1926年1月,国民党第二次全国代表大会在广州召开。会议继续坚持反帝反封建的主张,坚持孙中山的三大政策,指责了西山会议派,并视情节不同分别给予警告或开除党籍的处分。陈独秀在会前和会议期间,致函广东区委,指示在统一战线方面要执行让步的策略,尽可能地把各方面的人物都包括进中央委员会中去,右派也要争取,以示团结。鲍罗廷及广东区委对陈独秀及维经斯基的错误进行了一定的抵制,对右派进行了斗争,使谭平山、林伯渠、毛泽东分任国民党中央组织部长、农民部长、代理宣传部长。但大会选出的国民党中央执行委员会36名委员中,共产党员只占7人,左派14人,右派和中派却有15人;在中央监察委员会的12名委员中,右派更是占了绝对优势,共产党员仅占1人。戴季陶仍然被选为中央执行委员。蒋介石第一次当选为中央执行委员，又在二届一中全会上当选为常委，这就为蒋介石夺取革命的领导权打开了方便之门。这次会议造成了国民党内右派势力扩大、中派壮胆、左派孤立的形势。

1926年3月18日，蒋介石传令海军局代理局长、中山舰舰长共产党员李之龙，将军舰开到黄埔候用。中山舰抵达黄埔后，蒋介石否认自己有这个命令，诬蔑中山舰擅自闯入黄埔，是共产党阴谋暴动，企图将蒋校长劫往海参崴。3月20日凌晨3时，蒋下令逮捕李之龙，解除了由苏联组建的原装甲部队的武装，调动第五团一个连包围了东山（顾问团总部和俄国顾问驻地），缴了警卫的械。不许任何人进城。这就是蒋介石打击共产党的"中山舰事件"。

面对蒋介石的进攻，毛泽东等人主张发动工农群众，联合国民党左派逼蒋下台。但苏联代表季山嘉及布勃洛夫不同意还击，认为需要蒋介石北伐。两种意见彻夜争论，相持不下，最后决定派胡公冕去上海，向陈独秀等汇报。

当时，上海的中共中央最初对情况完全不了解，认为"中山舰事件"同广州同志工作上的错误有关，不是当进攻而没有进攻，而是当退让而没有退让；蒋介石有军事力量，又有资产阶级的支持，只有退让才能团结他北伐。3月底，苏联访问团回国途中路过上海，向陈独秀介绍了"中山舰事件"所谓的"真相"，即蒋介石只是防止有叛乱事情发生，并不是反俄反苏。

据此，陈独秀在4月3日出版的《向导周报》第148期上发表《中国革命势力统一政策与广州事变》一文，把"中山舰事件"的元凶蒋介石尊为革命的"柱石"，而把事变的喽啰们指控为罪魁祸首。4月初和4月上旬，陈独秀收到了陈延年写来的关于"中山舰事件"的详细报道，才知道"中山舰事件"实际上是蒋介石打击共产党和国民党左派之举。这时，上海区委及各地党组织纷纷要求中共中央对"中山舰事件"作出正式决定，以便向群众宣传和解释，并要求采取措施对付蒋介石。于是，4月中旬，陈独秀召集中共中央会议，决定尽力团结国民党左派，以便对抗孤立蒋介石。同时，在物质上和人力上援助第二、第六军及其他左派队伍，以便必要时打击蒋介石。

二、妥协与退让

然而，当苏联访问团团长布勃诺夫回到莫斯科后，却向苏共中央和共产国际提出了对蒋介石让步的方针。苏共中央同意他的处理意见，否定了托洛茨基提出的中共退出国民党的意见。4月29日，鲍罗廷回到了广州，并带来了联共（布）政治局的政策，斯大林主张共产党人继续留在国民党内。鲍罗廷抵达广州后，他所面临的问题已不是如何处理已归平静的"中山舰事件"，而是这次事变的继续与发展——国民党党务整理案。1926年5月，在国民党二届二中全会上，蒋介石以消除疑虑、杜绝纠纷、改善国共两党关系为借口，提出《整理党务案》。这个提案共八点，主要内容是：共产党应训令其党员对于三民主义不得加以怀疑或批评；应将加入国民党的共产党员名册交国民党中央保存；共产党员在国民党中央和省市党部任执行委员不得超过三分之一，且不能充任国民党中央部长等，整理党务案显然是限制和防范共产党的。

面对蒋介石发动的新进攻，共产国际和中共中央继续采取妥协退让方针。早在蒋介石正式提出《整理党务案》之前，蒋介石在与鲍罗廷的会谈中就要求其接受这个提案。为了促使蒋介石北伐，鲍罗廷接受了这些提案。结果《整理党务案》于5月17日顺利通过。担任国民党中央部长的共产党员谭平山、林伯渠等只得辞职，蒋介石当上了国民党中央组织部长和军人部长，随后担任国民党中央常务委员会主席和国民革命军总司令。至此，蒋介石一手把持了国民党、国民政府、国民革命军的大权，成为国民党内新的权力中心。

1926年6月，中共中央举行中央委员会会议，陈独秀在会上联合提案：中共党员退出国民党，改为党外合作。然而，中共广东特委在彭述之主持下，否定了陈独秀关于共产党退出国民党的主张，通过了鲍罗廷对蒋介石作最大限度让步的方针。决定中共现时在国民党内的政策是扩大和联合左派，"共同的应付中派，而公开的反攻右派"。与此同时，苏共中央召开临时会议，决定国共两党可能分离的问题，在紧急情况下可以考虑，但现在则不希望发生脱离国民党的事；已经暴露的共产党员要从国民党组织机构中撤出来，但尚未暴露身份的就不要撤出来或暂不撤出。

三、让出领导权

1926年7月9日，国民革命军在广州誓师，北伐战争正式开始。中国共产党积极支持北伐战争。陈独秀在北伐战争开始时，持悲观情绪，认为时机尚未成熟。然而，随着北伐军的接连胜利，促进了工农运动的勃兴；中国共产党影响不断增强，革命队伍迅速扩大，大革命浪潮日益汹涌高涨，促使陈独秀对北伐的消极态度有所改变。随着革命形势的飞速发展，革命政权问题突出地提到党的面前。当时，一些共产党员在省、县政权里担任了领导职务。但是受共产国际的影响，以陈独秀为首的中共中央对革命政权问题认识不足，跟不上形势发展的需要，因而始终坚持不参加政府的在野党立场。为此，中央连续发出指示，严厉批评和制止各地共产党员参加政府的正确做法。在同政权紧密联系的军队问题上，中国共产党不仅没有更多地建立直接掌握的正规武装，而且也没有巩固和发展工农武装，并在客观上助长了蒋介石军事力量的扩大。为了抑制蒋介石力量的过度发展，陈独秀决定采取迎接汪精卫复职的办法，通过汪蒋合作来限制蒋介石。

1927年1月，蒋介石在南昌非法召开国民党中央政治会议，决议将广州国民政府迁至南昌，公然反对国民政府已通告全国迁都至武昌的决定。3月10日至17日，国民党二届三中全会在汉口召开，共产党和国民党左派联合起来，挫败了蒋介石在南昌另立中央的企图，通过了一系列限制蒋介石个人独裁的决议，但仍让蒋介石担任国民革命军总司令。会议选举尚在国外的汪精卫为国民党和国民政府及军事委员会主要领导人，为其回国创造了条件。

1927年3月，上海第三次工人武装起义取得胜利，并于22日成立了上海特别市临时政府，选举了19名执行委员，其中共产党员9名。然而，蒋介石却加紧了对于上海市政府权力的篡取活动。4月8日，蒋介石指使吴稚晖、钮永建、白崇禧、陈果夫等组织上海临时政治委员会，篡夺了上海市政府的权力。而中国共产党在起义胜利后掌握的工人武装纠察队则成为保住起义胜利成果、防止蒋介石背叛革命的重要砝码。3月26日，中共上海区委召开会议，决定准备防御战争。然而，共产国际对蒋介石抱有期望，不赞同与蒋决裂。受共产国际的影响，陈独秀及中共中央的态度发生了很大变化，上海反蒋斗争开始有所放松。

蒋介石到上海后，取得了帝国主义和代表大资产阶级利益的江浙财阀的支持，对发动反革命政变进行了周密的计划和部署。4月1日，汪精卫回到上海，蒋介石积极与汪精卫联系要进行分共与清党，赶走苏联顾问鲍罗廷。双方经过多次密谈，于

4月3日达成初步谅解。蒋介石发表拥汪通电,表示他以后专心军旅,所有军政、民政、财政、外交事务都交给汪精卫指挥。

而共产党此时也将希望寄托于汪精卫身上,陈独秀与周恩来于4月3日会见汪精卫。汪精卫质问陈独秀,诬指共产党已提出打倒国民党、打倒三民主义口号,并主使工人冲入租界。4日,陈独秀起草了《国共两党领袖联合宣言告两党同志书》(简称《汪精卫、陈独秀联合宣言》)。5日,该宣言发表,表明了中国共产党对国民党和三民主义的态度。这个宣言的发表实际上起了帮助蒋介石解除共产党和工农群众思想武装的作用,许多共产党员都以为局势已经和缓下来,因而放松了对蒋介石的警惕和斗争。

1927年4月12日,准备就绪的蒋介石在上海发动了"四一二"政变,100多名参加游行抗议的工人尸体横卧街头,300多名共产党员、革命群众被枪决,1000多人被捕。

四、被共产国际指令停职

四一二反革命政变后,全国出现了以张作霖为首的北京政权、以蒋介石为首的南京政权及国共合作的武汉国民政府三个政权互相对峙的局面。在这关键时刻，中共中央面临着如何依据国共双方的共同力量，反对新旧军阀，保持并推动工农运动的深入和高涨，做好应付武汉政府内同盟者随时可能发生的突然事变的准备等一系列抉择。此时，党内出现了东征讨蒋和北伐讨奉之争。由于共产国际和斯大林赞成北伐讨奉，陈独秀、鲍罗廷坚持北伐讨奉的主张在争论中占了上风。

正当宁汉尖锐对立、汪精卫逐步动摇与反动，中共党内对挽救革命的措施发生争论的紧要关头，中国共产党于4月27日至5月10日在武汉召开了第五次全国代表大会。陈独秀作了政治与组织的报告，对于蒋介石的叛变认为是大资产阶级的叛变，之后中共应该更积极地同以汪精卫为代表的国民党左派加强合作。大会虽然提出了争夺革命领导权问题，但没有提出切实的解决办法。大会对挽救革命最为紧迫的军事问题没有给予充分注意，虽然提出了"建立真正的革命军队"的正确主张，但没有提出直接掌握革命武装的有力措施，却将希望寄托在武汉政府的军事力量和冯玉祥的国民军身上。

五大闭幕后，以汪精卫为首的武汉国民党中央和国民政府逐渐向右转，夏斗寅、许克祥、朱培德等国民党军官相继叛变，工农运动遭到极大摧残，革命陷入严重危机。而以陈独秀为首的中共中央则继续坚持错误的方针，以压制工农运动来加强同汪精卫的合作。然而，陈独秀等人的妥协退让不仅不能拉住汪精卫等人走向反动，反而助长了他们的反动气焰，武汉反革命政变随时都有可能发生。

面对日益危急的形势，中国共产党内绝大多数领导干部越来越对陈独秀的政策表示强烈不满，并反对陈独秀的领导。为挽救中国革命，共产国际于7月间作出《关于中国革命目前形势的决定》，要求共产党公开宣布退出武汉政府，但是不能退出国民党，以便留在该党内，与下层党员密切联系，并在此基础上，筹备召集国民党代表大会。

7月12日，根据共产国际的指令，中共中央进行改组，成立以李立三、李维汉、周恩来、张太雷、张国焘五人组成的临时中央政治局常务委员会，陈独秀被停职。鲍罗廷建议陈独秀和谭平山去莫斯科与共产国际讨论中国革命问题，遭到陈独秀的拒绝。7月15日，汪精卫主持召开国民党中央常务委员会第二十次扩大会议，通过了"分共"决议案，公开背叛了孙中山决定的国共合作政策和反帝反封建的纲领。随后不久，汪精卫就和蒋介石一样，对共产党员和革命群众实行大屠杀。至此，第一次国共合作最后破裂，由国共两党合作发动的1924至1927年的大革命宣告失败。

1927年8月7日，党中央在汉口三教街41号一位俄国侨民的寓所里举行紧急会议。来自共产国际的新派遣代表罗明那兹到汉口后，态度非常严厉，主张对陈独秀、谭平山、李维汉等人进行惩罚。张国焘本想邀请陈独秀参加，由于罗明那兹的强烈反对，最终陈独秀没有出席会议。八七会议批评了陈独秀右倾机会主义错误，结束了陈独秀右倾机会主义在中共中央的统治，成立了新的中央领导机构。除此以外，会议还确定了土地革命和武装反抗国民党的方针，在关键时刻挽救了革命，给全党和全国人民指明了前进的方向。会议结束后，陈独秀被正式解除了总书记的职务。

第七章 中共的反对派

第一节 接受托派思想

一、没有陈独秀的陈独秀派

1927年9月10日，陈独秀和秘书黄文容以及汪原放、陈啸青化装后秘密登船前往上海，到达上海后住在江西北路福生里酱园弄一幢三层楼的房子里，过起了漫长的地下生活。此时的陈独秀处于革命失败后的极度消沉时期。一方面，他对于自己领导的大革命的失败感到深深的自责，另一方面，他也对共产国际把全部责任都推到他身上的惩办主义方法也感到愤怒。因此，他拒绝了共产国际要求他去苏联讨论中国革命问题的决定。他将全部注意力都放在了研究中国文字拼音化问题和音韵学问题上，只要有人来看他，他开口闭口的都是音韵学的问题。1929年3月，他终于完成了《中国拼音文字草案》一稿。

尽管陈独秀本人没有异动，但他身边的人及其亲信包括彭述之、尹宽、何资深、郑超麟、蔡振德、马玉夫、刘伯庄等人，不能理解共产国际和中共中央把大革命失败的责任推到陈独秀身上，他们认为中共中央对陈独秀的批评是不公平的，因此自称为陈独秀派，进行反对瞿秋白为首的新中央的活动，企图恢复陈独秀在党内的领导权。

在党的六大后，李立三开始主持中央工作，解除了陈独秀派重要分子的职务，引起了陈独秀派成员的强烈不满。他们既瞧不起中央新的领导人，也不甘心丧失在党内的重要职位，于是参加了江苏省分裂党的活动。

他们在江苏省委书记项英的支持下，以现任省委书记李富春为首，对抗中央派人加强省委领导的措施，宣布"独立"。针对江苏省委的分裂活动，中央组织部长周恩来对省委做了深入细致的说服教育工作，并召集外省在上海的代表开了几次会，以全党的名义谴责江苏省委的行动，拥护中央，保证了外省党组织与中央采取一致的立场。同时，解铃还需系铃人，在政治局中，李立三、周恩来等批评了暗中支持江苏省委行动的项英，项英表示服从中央决定，出来做省委的工作。最后，江苏省委完全承认自己的错误，决定放弃"独立"，接受中央关于改组省委，加强区委的决定。

在这次事件中，陈独秀采取了"不支持，不阻止"的态度。这一态度，是在陈独秀派分子为其鸣不平的情况下作出的，因而显得尤为难能可贵。这表明虽然陈独秀对新的中央及其政策不满，对将大革命失败的责任归在他身上不满，但陈独秀本人与陈独秀派分子是不同的，他没有直接对抗中央，或者是参加分裂党的活动，只是采取了一种消极的态度。

然而，这个事件后，陈独秀派很快就被揭发了出来。彭述之等人拉拢陈独秀反对中央，进行派别活动，遭到陈独秀的一再拒绝，加之党在六大路线指引下得到不断巩固和发展，这样，陈独秀派的活动就很难搞下去了。然而，当陈独秀和陈独秀派分子接触到托洛茨基主义以后就开始了相互融合，而且越走越远，终于不可收拾。

二、接触托派思想

托派即托洛茨基派的简称,在列宁死后,苏联共产党内部出现了斯大林派的反对派即托洛茨基主义。斯大林与托洛茨基争论的焦点之一是关于中国革命问题。托洛茨基反对斯大林和共产国际在中国革命中执行的路线,尤其反对共产党员加入国民党的国共合作政策。大革命失败之后,托洛茨基大肆向斯大林进攻,攻击斯大林和共产国际在中国推行的是彻头彻尾的孟什维克机会主义路线,导致了中国革命的惨败。

中国托派组织源自留俄学生。1925年—1927年间,为了培养干部,中国共产党派了批党团员到苏联中山大学和东方大学学习。托洛茨基与斯大林的争论公开后,在中国留学生中引起强烈反响,许多留学生开始认同托洛茨基的观点。于是在苏联留学的学生开始产生分裂,一部分人拥护托洛茨基的观点,逐渐形成了留学生中的托派组织。1928年11月7日是十月革命胜利十周年的纪念日。莫斯科红场举行了盛大的庆典活动。然而,在红场游行时,中山大学中国留学生中的托派分子与苏联托派分子一起高呼"中国革命万岁"、"中国共产党万岁"、

"罢免斯大林、拥护托洛茨基"等口号，并与现场游行群众发生了严重的冲突。事件发生后，苏共中央开除了托洛茨基和季诺维也夫的党籍，将托洛茨基流放到阿拉木图，并在苏联内部开展了大规模的肃托运动。托派组织随之转入地下开展活动，而中国留学生中的托派分子一部分人被遣送回国，另一部分人则巧妙地隐蔽于苏联国内。

回国后，托派成员又在中国成立了"中国布尔什维克列宁主义反对派"，并于1929年4月16日创办了机关报《我们的话》。因此，中国的托派组织也被称为"我们的话"派。他们通过苏联托派组织将托洛茨基的理论传播到中国来，并向陈独秀及彭述之、马玉夫、郑超麟、汪泽楷等不满于中央的分子系统地介绍托洛茨基对中国问题的文件，包括共产国际六大召开前后托洛茨基关于中国大革命失败的原因、未来中国革命的性质、中国资产阶级的反动本质等一系列重大问题，造成了中国共产党的一次大分裂。

陈独秀在看到托派成员给他的文件后，首先被托洛茨基关于大革命问题的论述深深打动。其中，最令中国托派和陈独秀等人信服的是《中国革命问题的总结与前瞻》、《共产国际第六次大会后的中国问题》这两个纲领性的文章。在这两篇文章中，陈独秀指责共产国际和斯大林在中国大革命失败问题上文过饰非，认为如今的中国正在变成一个长短未定的两个革命的中间时代，中国共产党应经过议会制度时期达到为夺取政权的直接斗争。陈独秀发现，自己在大革命时期多次提出的先是反对共产党员加入国民党、后来要求退出国民党的主张，与远在莫斯科的素不相识的托洛茨基主张不谋而合。原来，托洛茨基早在武汉失败以后就指出中国革命已经失败了的，而正是因为这种正确主张被共产国际一再否定，才导致了大革命的失败。

陈独秀感到他原来的主张非但没有错，而且是真正的"正确路线"的代表。这使陈独秀的思想从原来基本拥护六大路线，转变为彻底否定六大路线。同时对于大革命失败后，毛泽东等人开辟的农村包围城市的道路也持反对意见。

三、起而应战

1929年8月5日陈独秀给中共中央写了一封长信。站在托洛茨基主义立场上，陈独秀转变了之前保持沉默的态度，开始猛烈抨击中共中央自八七会议、六大以来的路线是机会主义、盲动主义和命令主义，进而阐明了自己对中国社会性质、革命性质、革命任务、革命道路问题上的认识。他认为："八七会议以后，仅仅是笼统地反对机会主义，并未曾指出机会主义政策发生之真正根由，更未看清实际情形，勇敢地承认革命之失败及资产阶级之胜利这些既成的事实。"对于党的政策，他认为"不但向左的机会主义——盲动主义未曾改正，向右的机会主义根本上也同时存在。始终不认识资产阶级的发展对于革命之危险，始终不认识统治阶级即国民党政权之阶级性，始终不认识革命失败与资产阶级之胜利，始终不认识现在是列宁所谓'革命二个波间过渡期'"。他认为大革命失败后，资产阶级已经胜利，中国已经是资本主义社会。

此时，陈独秀已经从原来基本赞成党的六大所制定的路线，转变为怀疑以及否定党的六大路线。他经常和托派分子一起阅读讨论托洛茨基的文章，每次都提出不同的意见，并与托派分子进行辩论。通过一层层的讨论，到1929年的8月—10月间，陈独秀基本上接受了托洛茨基的观点，成为名副其实的托派成员。

第二节　脱离共产党

一、关于中东路事件的意见

正在陈独秀与党中央发生争论的时刻，发生了中东路事件。中东路始建于1897年，由中国清朝政府出股金500万两，沙俄政府修建经营。中东路于1901年竣工，是沙俄帝国主义侵略我国东北的产物。十月革命后，苏联曾宣布放弃沙皇俄国对华的一切不平等条约和各种特权，还明确表示中东铁路归还给中国，不要任何报酬。1924年5月中苏双方签订《中苏协定》，按照苏方旨意，该路暂由中苏共管。1927年大革命失败后，国民党政府出于内压共产党外亲帝国主义的需要，制造了一系列反苏事件，并调东北军沿苏联国境布防，作出武装进攻苏联的姿态，并用武力接管了中东路，逮捕、驱逐苏方人员，致使苏联政府被迫于7月17日宣布对国民党政府绝交，撤回苏联政府任命的一切驻华外交、商务及在铁路等方面供职的人员，并保留1924年《中苏协定》中的一切权利。

共产国际作出决议，指示各国共产党组织人民群众发动一个"保卫苏联"的运动。以李立三为首的中共中央对这个涉及到中国民族利益和民族感情的复杂事件采取了简单化的策略，没有从国际国内形势和群众觉悟的实际情况出发，说明"中东路事件"的真相，揭露国民党的欺骗宣传，引导人民同国民党的亲帝反苏阴谋作斗争，而是在机关报上发表了一系列宣言、决议和文章，如《反对国民党帝国主义进攻苏联宣言》、《进攻苏联与瓜分中国》（李立三）、《反对国民党向苏联挑战》（恽代英）、《帝国主义进攻苏联瓜分中国要开始了》（罗绮园）、《中央通告第41号——中东路事件与帝国主义国民党进攻苏联》、《中央通告第42号——动员广大群众反对进攻苏联》、《中央通告第49号——目前政治形势中的两大任务——拥护苏联与反对军阀战争》等。这些文件和文章提出了过"左"的宣传口号，如"拥护苏联"、"武装保卫苏联"、"反对帝国主义国民党进攻苏联，成为中国革命最迫切的主要任务"等。

此时的陈独秀正在向托派转变，他改变了对政治问题长期沉默的态度，在7月28日致函中共中央，表达了他对中东路问题的不同意见。他认为,在中东路问题的宣传上要考虑中国人民的民族感情,应该把斗争矛头紧紧对准国民党政府的误国政策。他认为:"现在关于时局之当面的危机,无过于中东路问题,这一问题不是简单的中俄两国间的纠纷,而是国际纠纷问题之导火线。由这导火线而至爆发战争,也许是慢性的(因为中俄都不利于轻率开战,尤其是帝国主义间都还未曾充分准备好、现在谁都不敢断然取独占的形式,会需要经过一些曲线的斗争)。然除了恢复中东路原有的状态即中俄共管形式,国际纠纷是要继续发展的。""在这样情形之下,我们的宣传方法,似乎不能像别国的兄弟党那样简单,即是说单是世界革命的大道理,不能够解答群众心中所需要解答的实际问题。因此,我觉得我们的宣传,太说教了,太超群众了,也太单调了,对于中东路收回这一具体问题,没有正确的解释,只是拿世界革命做出发点,拿'反对进攻苏联'、'拥护苏联'作动员群众的中心口号;而未曾详细指出:在未推翻帝国主义宰制以前,中国真能自己收回中东路是怎样的一个幻想,而且这一幻想必然酿成中国民族实际的莫大灾难。"

从以上的言论可以看出,陈独秀与中共中央在中东路事件中的方针有很大的分歧。陈独秀从中国国情和中国革命的实际出发，坚持爱国主义与国际主义的一致性，是正确而可取的，也是难能可贵的。但是，中共中央却认为，陈独秀与中央的分歧"不只是部分的策略问题的讨论，而且包含了很严重的原则的问题"，指责陈独秀提出的反对国民党政府对于中东路的误国政策的口号是资产阶级左派的口号，是资产阶级观点，忘记了世界无产阶级的利益。

对于中央的指责，陈独秀于8月11日再次致函中央，重申自己在中东路问题上的意见，指出了中央对中东路问题的宣传方法在战略上有两个缺点："（一）未曾用群众所能了解的事实而不仅是我们主观上的理论，对于中东路问题之本身，加以正确的详细的解析及打碎国民党的假面具，能够使群众减少民族偏见，不至为国民党所欺骗而接受我们的宣传的领导。（二）'只是'拥护苏联这一口号与宣传，在事实上只能动员无产阶级最觉悟分子，而未能在实际利害上激动无产阶级以外广大的群众，尤其是比较意识落后的群众，把这些广大群众放在斗争战线之外了。"并反驳了中央对于他的指责，认为中央把"策略和原则混为一谈，这不是偶然的错误，乃是'你们的原则'之错误。你们的原则,是原则和策略不分","这正是你们简单化和纯凭主观不看事实的盲动主义精神之表现"。这样,陈独秀和中共中央之间就由对待中东路事件的策略问题上的分歧,迅速上升为原则路线上的争议。陈独秀最后要求中央把本信及他8月5日写给中央的长信,在《红旗》上公布。这使得双方的争论进一步激化。

二、成立托派组织

1929年9月,托派分子刘仁静等人回国,他们带来了托洛茨基的《中国革命的总结与前瞻》、《共产国际第六次大会后的中国问题》以及托洛茨基给中国反对派写的《中国布尔塞维克列宁主义派(反对派)的纲领草案》。陈独秀在郑超麟家见到了刘仁静,了解了刘仁静在归国途中绕道土耳其拜会托洛茨基的情况,看到了《中国布尔塞维克列宁主义派(反对派)的纲领草案》,更加系统地了解了托洛茨基的思想,加快了其反对中央、分裂党的活动。1929年9月,陈独秀成立了中国第二个托派组织——中国共产党布尔什维克列宁派,由陈独秀、彭述之、尹宽等人组成临时领导小组,开始了分裂党的活动。他们一方面争取上海本地党员和来上海的外地党员，另一方面又将原来的陈独秀派和新成员编成小组，学习研究托洛茨基关于中国革命问题的主张。

针对于托派组织的分裂活动，中共中央从一开始就对其提出了警告。早在陈独秀与托派开始接触之初，中共中央就在六届二中全会上分析了托派组织对中国革命的危害性，并号召全党与其坚决斗争。1929年12月，陈独秀主持召开了一次"中国共产党左派反对派"会议。这次会议讨论并通过了本派的纲领——《我们的政治意见书》（81人声明）。意见书猛烈抨击共产国际和中共中央的所谓"机会主义"路线，要求恢复托洛茨基的党籍和领导工作，恢复中国党内被开除同志的党籍，改组苏联共产党、共产国际及其各国支部的领导，重新决定联共、国际及中共的路线等。

对此，中央采取了一系列措施来挽救制止陈独秀等人。8月13日，中共中央发出《关于中国党内反对派问题》的第44号通告，指出中央已发现反对派在党内党外有秘密组织及出版物；反对派凭借托洛茨基主义的理论，反对党的正确路线，企图掩盖过去的机会主义错误。10月6日，中共中央再次致函陈独秀，指出其在政治上已采取与党对立的错误路线，在组织上和意见相同的人在上海党的下层中有超越组织的活动。为此，中央给其以书面警告，要求他立刻停止其超越组织的活动，并限其在一周内作一篇反对反对派的文章。

三、开除党籍

但是，所有这些行动都没有能够改变陈独秀的托派活动，他在错误的道路上越走越远。10月10日和26日，陈独秀连写两篇致中共中央的信，继续指责党的正确路线，坚持自己的观点。针对陈独秀等人反党的小组织活动，中共中央于10月15日召开政治局会议，并通过了《关于反对党内机会主义与托洛茨基主义反对派的决议》，系统批判了陈独秀8月5日长信中的取消主义的根本错误。11月15日，中共中央政治局召开会议，通过了《关于开除陈独秀党籍并批准江苏省委开除彭述之、汪泽楷、马玉夫、蔡振德四人决议案》。

中共中央作出开除陈独秀党籍的决定后，陈独秀于1929年12月10日发表了《告全党同志书》，对他在革命中的错误及中央开除他的理由进行辩解。

第三节 离开托派

一、最后一次被捕

托陈派小组织在党外独立后，在陈独秀领导下主要从宣传和组织两方面开展活动。在宣传方面，他们把流散的托洛茨基写的文章一一收集翻译出版了两本《中国革命问题》；尹宽还起草了"宣传大纲"油印成一本小册子，作为托派小组讨论和对外宣传的材料。在组织方面，他们曾在党内大力发展成员，本以为会一呼百应，但结果却是美梦一场。

1932年10月，陈独秀再次被捕，这是他一生中最后一次被捕，也是关押时间最长的一次（5年）。陈独秀此次被捕源于托派组织内部的矛盾。1931年5月23日，托派骨干分子马玉夫因没有当上中央委员而向上海龙华警备司令部告密，结果导致托派中央被破获，郑超麟、王文元等人被捕，陈独秀、彭述之因马玉夫不知地址而躲过一劫。托派组织因此趋于瘫痪。1932年5月，托派组织中央常委之一的濮德治的妻子无意中泄漏了陈独秀的行踪，于是陈独秀不幸被捕。

陈独秀被捕后，外界舆论普遍认为，陈独秀原来是中共的重要领导，并且在九一八事变后多次发表了反日反国民党的言论，因此，他是必死无疑的。于是，陈独秀的一些好友和社会名流纷纷开展营救活动。23日，上海学术界领袖蔡元培、杨杏佛、柳亚子、林语堂、潘光旦等人致电中央党部和国民政府，要求从宽处置陈独秀。社会各界人士也纷纷组织大营救。面对社会各界声势浩大的营救运动，蒋介石被迫将陈独秀交付司法审判。1933年4月14，15，20日，江苏省高等法院所属江宁地方法院分三次审理了陈独秀等人的案件。经过激烈的辩论，最终审判决陈独秀有期徒刑18年，撤销褫夺公权5年。

陈独秀被判刑后，拘押于南京老虎桥模范监狱。由于陈独秀身份特殊，加之又久患十二指肠溃疡和胃溃疡，因而得以一人住一间牢房。开始，狱吏不准陈独秀通信、读书、看报，不准亲属探监，后经陈独秀的斗争，监狱方面被迫作出让步，陈独秀得以在狱中读书、写作，这成了他狱中生活的主要内容。

陈独秀博学多艺，对历史、哲学、文学、文字音韵学等都有精深造诣、独到见解，还通晓日语、英语、法语，懂得德语、拉丁语等多种外国语。但他从不恃才傲物，故步自封，他深深懂得天才在于勤奋、学无止境的道理。因此，在狱中，陈独秀紧紧围绕着自己所研究的课题，有目的、有计划地博览群书。

而此时的托派，由于骨干分子接二连三被捕，因此中央机构趋于瘫痪状态。1932年10月下旬，上海托派沪西、沪东、法南三区区委书记高恒、寒君、屠仰之举行紧急会议，组成中国共产党左派反对派上海临时委员会，以刘伯庄为书记，领导托派工作。但由于矛盾不断，终于再度分裂，刘仁静、陈岱青退出上海临委，刘伯庄辞书记职，任曙继任。

二、与托派的矛盾

陈独秀虽然身处狱中，却不忍见托派组织如此混乱不堪，乃于1932年冬通过吴静如建立了与托派尤其是上海托派领导机关的联系，对托派活动进行指导。10月8日，陈独秀给托派临委写了《几个争论问题》的短文，就过去及现在争论的问题谈了自己的看法，并批评了刘仁静、彭述之观点，引发了托派内部再一次的纷争，其中主要是陈独秀与刘仁静、彭述之等人的争论。陈独秀与刘仁静、彭述之争论的范围非常广泛，主要集中在以下几个方面：在形势的判断上，陈独秀认为现在还是革命的低潮时期，刘仁静则指斥陈独秀对形势的估计是动摇的。在国民会议问题上，陈独秀认为"国民会议是总摄一切民主运动的中心"的口号，是无产阶级打击资产阶级的武器，国民会议应该与苏维埃统一起来。彭述之则把国民会议只看成是资产阶级的，国民会议与苏维埃是对立的。关于经济复兴问题，刘仁静将经济复兴看成是革命的必要条件，而陈独秀认为，经济复兴并不是主要的，只要有无产阶级运动及其同盟军，就有无产阶级革命的可能。关于福建事变的态度问题。陈独秀认为，资产阶级中的自由主义者有倾向革命的可能，可以和他们共同行动，以打击共同的敌人。而刘仁静和彭述之则反对共同行动。尽管三人在一些具体问题上针锋相对，但有一点是共同的，那就是争夺对托派的控制权。一旦他们三人中的一人的观点能在残存的托派中占主导地位，就可以实现对托派思想组织上的控制，这就是三人争论的目的与实质。

三、被托派开除

中国托派长期的纷争，加剧了其本身固有的矛盾，终于演出了一幕开除陈独秀的闹剧。1933年1月,希特勒在德国阴谋上台。托洛茨基认为这是斯大林及共产国际在德国执行机会主义路线的结果。因此,他开始筹建第四国际,与共产国际彻底决裂。托洛茨基指示各国托派组织不再用党内反对派名称,而要建立新党。为了便于托派国际领导中国托派的行动,**托洛茨基派遣美国托派头子格拉斯(中文名字李福仁)来华**。李福仁来华后,与刘仁静、陈其昌等人频繁接触。为了夺取对托派的领导权,以陈其昌为首的托派临委接受李福仁的建议,**调遣将北方区委骨干分子史朝生、王文华等人充实上海临委**。史朝生等人年纪轻,思想更左,在李福仁、刘仁静的支持下,史朝生等人向陈其昌、尹宽及其支持者陈独秀发起了猛烈的攻击。为了缓和矛盾,而以抗日、反战为中心讨论托派目前的**政治任务**,陈独秀于1935年1月5日复函陈其昌、史朝生等人,认为他们的争论太琐碎,提议双方停止争论,立即召集代表大会来解决。但是,史朝生等人的根本目的是要排斥陈独秀,**争夺对临委的控制**,以便取而代之,因而对陈独秀的主张根本不买账,反而采取了更激进的行动。面对史朝生等人的分裂行为,陈独秀觉得事态严重,乃写信给陈其昌、史朝生、尹宽等人,呼吁一切问题须代表大会和国际来解决。但是，新托派中央对陈独秀等人的抗议、指责不予理睬，继续步步紧逼。1月25日，托派中央给陈独秀发出一封通牒式的长信，系统批判了陈独秀机会主义的四大错误，并决定开除陈其昌与尹宽，要求陈独秀表态。陈独秀当然反对，于是托派中央又开除了陈独秀。不久后，史朝生、刘家良、李福仁、刘仁静等人于1935年春夏间被捕，他们所组成的托派中央名存实亡。

第四节　凄惨的晚年

一、减刑出狱

1937年日本扩大侵华战争。为了实现其三个月灭亡中国的狂妄野心，8月13日日本向上海发动进攻，并派飞机轰炸国民党首都南京，妄图在攻占上海后直取金陵。陈独秀所住的牢房有一次也被震坍屋顶，他躲到桌子底下，幸免于难。当时，第二次国共合作已经实现，共产党和全国人民强烈要求释放一切政治犯，以利共同抗日。所以，释放像陈独秀这样有名望的政治犯已是公众的一致要求。8月23日，陈独秀出狱了。陈独秀出狱后，在武汉住了大约一年的时间才离开。

其实，早在1938年2月陈独秀即有离开武汉的打算。当时，他拒绝了陈钟凡推荐他到武汉大学教书的建议，也拒绝托洛茨基及中国托派要他去美国的建议。王文元等人还劝他去香港，以便脱出国民党对他的严密监视，他也不愿考虑，而是决定入川。他所以选择入川，是因为四川是大后方，沦为战区的可能性较小；国民党军政机关大多入川，四川将成为中国新的政治军事中心，要想有所作为，四川不失为一个好去处。

刚入川时，陈独秀被安排在"上石板街十五号川源公司"楼上，这里是禁烟委员会主任李仲公的办事处。可是，由于政治的和物质的条件不容许，加上他的高血压病日益加重，重庆天气太闷，对病不利，又寻找不到合适的地方居住，所以他在重庆只住了一个月，就在江津国立九中校长邓季宣和皖籍名医邓仲纯的帮助下，于8月3日移居距离重庆上游水程180里的江津县城。据高语罕介绍说，陈独秀本不愿离开重庆，因他关心政局，江津太闭塞。但是重庆在政治和物质两方面的条件都不容许他再待下去，他只好去了江津。

二、困苦的生活

1940年前后,陈独秀十分敬爱的母亲谢氏去世,3月蔡元培去世,不久陈独秀的大姐也死在江津上游40里的油溪镇,享年69岁。这三者都是陈独秀的至亲至友,这使他受到极大的刺激。

陈独秀在江津期间,生活十分贫困,加上疾病的折磨,晚景十分凄凉。据现有资料记载,他入川后没有正常的经济来源,除了一点微不足道的很不固定的稿费收入外,主要靠亲友的接济,尤其是北大同学会和朋友的资助。在陈独秀晚年的书信中,经常提到这方面的资助。北大同学会不仅在经济上资助他,还派罗汉照顾陈独秀入川后的生活。1939年罗汉在重庆大轰炸中身亡,北大同学会又托在江津第九中学教书的何之瑜来照顾陈独秀的生活,直至他去世。可以说,如果没有北大同学会的资助,陈独秀晚年生活将更加不堪设想。除了北大同学会的资助,陈独秀的大姐在陈独秀困难时也给了他一些帮助,因为大姐家的父子是经商的,经济较宽裕。好友蔡元培、邓蟾秋叔侄、杨鹏升等人也对陈独秀有过私人资助,就连陈独秀印有"独秀用笺"和"仲甫手缄"的信纸信封也全由杨鹏升包赠。

陈独秀在江津的最后几年，已到了风烛残年。出狱以后，陈独秀所患的高血压、心脏病、肠胃炎等多种疾病益加严重。入川以后，由于生活十分困难，疾病得不到及时有效的治疗，病情急剧恶化。加上养母、蔡元培、大姐等至亲好友的相继去世，使他的身心受到更大的打击。而思想上的日渐消沉，更使其萎靡不振，加剧了病情的恶化。

三、客死异乡

1942年春天，他觅得一个治疗高血压病的土方：蚕豆花泡水喝，每天服用。但是蚕豆水不但没有治他的病，反而要了他的命。5月12日陈独秀因饮了已经变质的蚕豆水而中毒，腹胀难耐。13日，老友包惠僧过访，欣喜中又在午餐时食四季豆烧肉过量，食不消化，夜不成寐，午夜呕吐大作。此后，陈独秀一病不起，经常昏厥。虽经邓仲纯及重庆、江津名医多方医治和抢救，均无效验。

5月25日上午，陈独秀把夫人潘兰珍、儿子陈松年及何之瑜叫到床前，对身后之事略有所嘱：嘱何之瑜负责其遗著出版之事；嘱夫人潘兰珍在他死后不要把他"卖钱"，今后一切自主，生活务求自立，并将狱中时友人赠送的五只古碗连同一部分稿费留给了她；嘱早已分居自立的儿子陈松年（时在江津九中搞总务）日后将其棺木返乡安葬，叶落归根。27日午刻开始，陈独秀陷入昏睡状态，一直延至9时40分与世长辞，享年64岁。

1947年6月，遵照陈独秀的遗嘱，陈松年将祖母及父亲的灵柩运回安庆。在外漂泊一生的陈独秀终于回到生他养他的故土，安眠于家乡的土地上了。

尽管陈独秀一生犯了许多错误，且这些错误对中国革命造成了极为惨重的损失，但中国共产党实事求是地对他作出了客观公允的评价，陈独秀仍不失为中国近现代历史上的杰出人物，他在传播新思想、宣传马克思主义、创建中国共产党、促进国共合作、领导第一次大革命等诸多重大问题上作出了杰出的贡献，推动了中国历史的前进。所有这一切表明"陈独秀"这个名字仍然光采照人，名传千古！